Introduction

La présente édition de *L'Économie européenne* se concentre sur les enjeux multiples que le retour de l'inflation a soulevés en Europe. Depuis la précédente édition parue en mars 2022, les prix ont augmenté de 8 % dans la zone euro d'après les données d'Eurostat (dernière donnée estimée : juin 2023), le taux d'inflation mensuel exprimé en glissement annuel atteignant un pic à 10,6 % en octobre 2022. L'augmentation des prix est bien loin de son évolution annuelle moyenne entre la création de l'euro et la fin de l'année 2020 (+ 1,6 %), et franchement au-delà de la cible d'inflation autour de 2 % de la Banque centrale européenne (BCE). Une telle inflation a engendré des coûts indéniables pour l'économie et donné lieu à des réactions de politique économique pour (tenter de) l'atténuer. Ces coûts et ces réactions sont au cœur de la présente édition.

L'Union européenne vit une succession de crises sans précédent, en termes de fréquence et de conjonction. Qu'on en juge : une pandémie en 2020 et 2021, suivie d'une reprise avec une forte inflation que l'Europe n'avait pas connue depuis le début des années 1970, tirée à la fois par les prix de l'énergie et par ceux des biens agricoles, puis une crise géopolitique en 2022 avec l'invasion russe en Ukraine, qui a accéléré l'augmentation des prix des matières premières et contribué à une augmentation de l'incertitude générale. Ces différentes crises ont frappé l'ensemble de l'économie mondiale, mais l'Union européenne continue de se distinguer par la persistance de ses hétérogénéités, en termes de dépendance énergétique par exemple, et par la politique monétaire uniforme que mène la BCE pour les vingt États membres de la zone euro.

L'hétérogénéité des sources et des niveaux d'inflation selon les pays a conduit à des réactions différentes des gouvernements tandis que la politique monétaire uniforme devenait restrictive. Les conséquences sur le pouvoir d'achat, sur la précarité énergétique et sur la sécurité alimentaire des ménages ont pu diverger d'un pays à un autre et renforcer les inégalités sociales. La chronologie des sanctions imposées par l'Union européenne à la Russie reflète également les divergences d'intérêt des États membres.

L'ouvrage présente un tour d'horizon complet des perspectives de croissance en Europe après le déclenchement en 2021-2022 des crises alimentaire, énergétique et géopolitique. Il revient ensuite sur les effets sociaux différenciés de ces crises sur les revenus et le pouvoir d'achat, et sur la dépendance énergétique des ménages, avant d'interroger la pertinence des politiques économiques mises en œuvre pour y remédier. Il se poursuit par des analyses plus étroitement liées aux conséquences de l'invasion russe en Ukraine sur les systèmes agricoles et sur les sanctions européennes. Il aborde enfin trois autres thématiques d'actualité européenne : l'emploi des séniors dans des économies européennes qui ont tendance à reporter l'âge de départ en retraite ; les débats relatifs à l'union bancaire qui vise notamment à mieux assurer la stabilité financière ; l'état des lieux du cadre budgétaire européen et des règles qui l'accompagnent après les propositions de la Commission européenne de mai 2023.

Jérôme Creel[*]

* Jérôme Creel a assuré la conception et la coordination de l'ouvrage.

I / Perspectives économiques pour l'économie européenne

Département Analyse et Prévision, OFCE

Après le rebond observé en 2021, l'activité économique mondiale et européenne a nettement ralenti à partir du second semestre 2022. Bien que les contraintes sur les chaînes de production se soient atténuées en fin d'année, l'augmentation des prix de l'énergie et l'incertitude engendrée par le contexte géopolitique ont alimenté l'inflation et réduit les perspectives de croissance. Avec des niveaux d'inflation bien au-delà de leur cible, les banques centrales ont accentué le durcissement de la politique monétaire. Parallèlement, la plupart des gouvernements ont eu recours à des boucliers tarifaires afin d'amortir la baisse du pouvoir d'achat des ménages et de limiter la hausse de prix. Pour autant, le scénario d'une éventuelle pénurie de gaz ne s'est pas réalisé. Les prix de l'énergie ont même commencé à refluer après un pic en juin pour le pétrole et en août pour le gaz, si bien que les perspectives économiques pour 2023 se révèlent moins dégradées que ce qui pouvait être anticipé à l'automne dernier. Le pic d'inflation semble passé et les prix ralentiraient progressivement en 2023 et 2024. La diffusion des chocs devrait néanmoins se poursuivre et l'effet du resserrement monétaire amplifiera le ralentissement provoqué par les pertes de pouvoir d'achat, si bien que de nombreux pays européens devraient flirter avec la récession. L'activité économique en Europe tournera par conséquent au ralenti en 2023 avec une croissance de 1,7 % contre 3,6 % en 2022.

Malgré les chocs, l'activité résiste

En 2021, la forte croissance de la demande mondiale qui a suivi les confinements de l'année 2020 s'est traduite par des tensions sur les chaînes d'approvisionnement et une remontée des prix de l'énergie. Il en a résulté une hausse de l'inflation d'abord visible aux États-Unis mais qui a ensuite gagné les pays européens. Avec la mise en place de la stratégie chinoise du « zéro Covid » au début de l'année 2022, les difficultés d'approvisionnement se sont accrues. Puis l'invasion de l'Ukraine par la Russie a provoqué une flambée supplémentaire des prix de l'énergie. Si des hausses similaires du prix du pétrole avaient déjà été observées par le passé, celle du prix du gaz fut d'une intensité historique. Ces hausses ont nourri l'inflation, qui a dépassé 10 % au Royaume-Uni en juillet 2022 et en octobre 2022 dans la zone euro. Une forte hétérogénéité caractérise néanmoins les pays de la zone euro puisque, sur l'ensemble de l'année 2022, l'inflation a atteint 5,9 % en France mais plus de 8 % en Allemagne, en Italie et en Espagne, plus de 10 % aux Pays-Bas et en Belgique et plus de 17 % dans les États baltes[1].

Cette augmentation des prix a rogné le pouvoir d'achat des ménages, qui a notamment baissé de 0,3 % dans la zone euro tandis qu'il stagnait au Royaume-Uni, ce qui s'est traduit par un ralentissement de la consommation. Pour les entreprises, il en a résulté une hausse des coûts de production, pouvant être absorbée soit par une baisse des marges soit par une répercussion sur les prix à la consommation, se traduisant par une diffusion progressive de l'inflation. Dans ces conditions, les performances macroéconomiques se sont dégradées dans la plupart des pays européens. Dans la zone euro dans son ensemble, la croissance du PIB en glissement annuel est passée de 5,5 % au premier trimestre 2022 à 1,8 % en fin d'année. Plusieurs pays — l'Allemagne, l'Italie, l'Estonie, la Lituanie et la Pologne — ont subi une contraction de l'activité au quatrième trimestre. Le ralentissement de l'activité est également net au Royaume-Uni avec une stabilité de l'activité au cours du second semestre.

Le ralentissement de fin d'année a brisé la trajectoire de reprise et les niveaux d'activité dépassent légèrement (en France ou en Italie), voire restent inférieurs (en Espagne et

1 Les pays de l'est de l'Europe ont été généralement plus touchés par la crise énergétique et l'inflation. Hors de la zone euro, l'inflation a dépassé 15 % en Hongrie et en République tchèque ou encore 13 % en Pologne.

Graphique 1. **Dynamique du PIB dans les principales économies européennes**

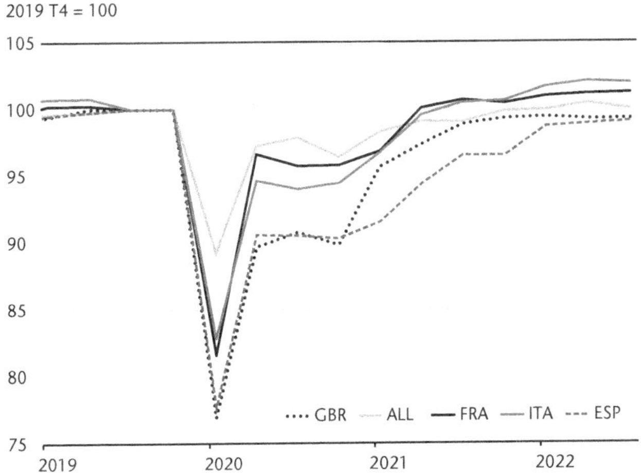

Sources : comptabilités nationales.

au Royaume-Uni) à ceux observés au quatrième trimestre 2019 (graphique 1). Alors que l'activité avait été relativement moins affectée par la crise sanitaire en Allemagne, le choc énergétique pourrait laisser plus de traces étant donné le poids plus important de l'industrie. De fait, la contraction de l'activité au quatrième trimestre 2022 a ramené le PIB allemand au même niveau que celui observé en fin d'année 2019.

L'inflation a-t-elle atteint un pic ?

Les tensions inflationnistes survenues depuis 2021 ont remplacé les craintes d'une stagnation séculaire par un risque de stagflation. Entre le dernier trimestre 2019 et la fin de l'année 2022, le Royaume-Uni et la zone euro ont vu leur prix à la consommation augmenter de respectivement 16,8 % et 14,7 %. Les pics d'inflation semblent cependant avoir été atteints en lien avec le repli des prix du pétrole et du gaz.

Depuis le début 2023, la composante alimentaire des indices de prix augmente fortement et contribue dorénavant plus que

Graphique 2. **Évolution du niveau des prix dans les pays européens**

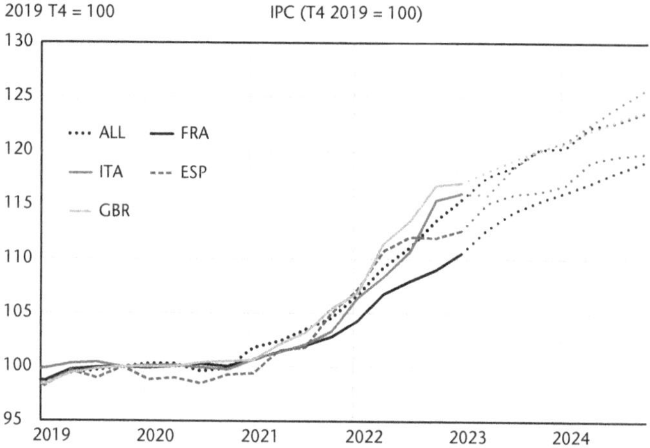

Sources : Eurostat ; ONS ; prévisions OFCE avril 2023.

la composante énergie à l'inflation. En expurgeant l'indice de prix de ses composantes énergie et alimentation, l'inflation sous-jacente reste aussi très dynamique en raison des effets de diffusion des prix alimentaires et de l'énergie. Relativement à la fin 2019, la hausse des prix hors énergie et produits alimentaires a été de 8,5 % sur un an dans la zone euro contre plus de 12 % au Royaume-Uni.

La stabilisation des prix de l'énergie en 2023 et 2024 contribuerait à réduire l'inflation d'ensemble. Cet effet favorable serait néanmoins en partie contrarié par la hausse de la composante alimentaire des indices de prix qui sera plus persistante. Ainsi, en fin d'année 2023, l'inflation serait à peine inférieure à 5 % dans la zone euro et à 3,5 % au Royaume-Uni.

Les écarts de taux d'inflation entre pays s'atténueraient mais des différences de niveau de prix seraient perceptibles (graphique 2). L'épisode se caractériserait par des prix plus hauts en Italie et plus bas en France, l'écart atteignant 5,5 % fin 2024. Ces différences reflètent des degrés d'exposition différents au choc énergétique ainsi que le rôle plus ou moins amortisseur des boucliers tarifaires mis en place par les gouvernements.

Graphique 3. **Variation des taux des banques centrales en Europe depuis fin 2021**

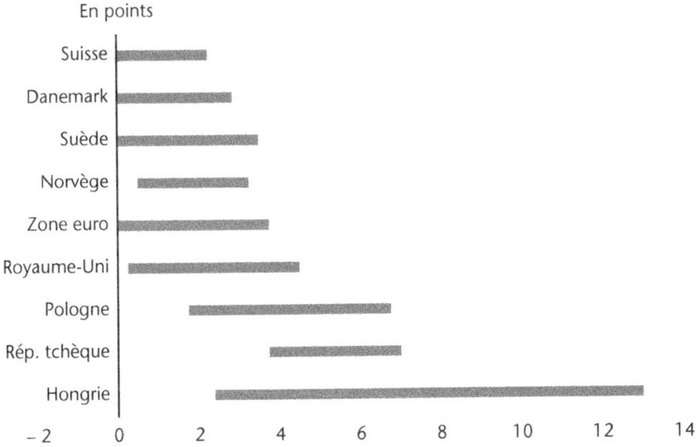

Sources : banques centrales nationales.

Politiques monétaires : durcissement généralisé

En réaction à l'augmentation de l'inflation, les banques centrales ont durci leur politique monétaire dès le premier trimestre 2022 pour la Banque d'Angleterre puis à partir de juillet pour la BCE. En quelques mois, les taux ont été significativement remontés afin de ramener l'inflation vers la cible de 2 % (graphique 3).

La hausse des taux des banques centrales s'est transmise aux taux de rendement des obligations souveraines et aux taux bancaires. Dans la zone euro, le rendement souverain nominal n'a pas dépassé 3,4 %, un niveau qui reste inférieur à ce qui était observé en moyenne au début des années 2000. De plus, cette hausse est à mettre en regard de celle de l'inflation et des anticipations d'inflation. Le calcul du taux réel sur la base des anticipations d'inflation à dix ans indique qu'il s'établit désormais autour de 0,5 % en zone euro, après avoir été longuement négatif.

Nous anticipons que la BCE augmenterait une dernière fois les taux d'un quart de point, portant celui des opérations principales de refinancement à 4 %, puis le stabiliserait à ce niveau.

La Banque d'Angleterre, ayant entamé le resserrement plus tôt, n'augmenterait plus les taux qu'une seule fois d'un quart de point et envisagerait même un assouplissement en début d'année 2024, le fléchissement de la croissance britannique étant plus important qu'en zone euro au premier semestre 2023. Le durcissement des conditions monétaires et financières est néanmoins indiscutable et se traduit par un tassement de l'activité de crédit et donc un ralentissement de la demande domestique : consommation et investissement. Les ménages et les entreprises endettés à taux variable seront également touchés et verront leur charge d'intérêt augmenter rapidement.

Les gouvernements sortent les boucliers

Au moment de la crise de la Covid-19, les politiques budgétaires avaient été fortement mobilisées afin de pallier une crise d'une ampleur historique. Avec la normalisation de la situation sur le front sanitaire, la dissipation des mesures d'urgence devait rétablir — progressivement — les indicateurs de finances publiques. Ainsi, selon les calculs de la Commission européenne, les mesures pour pallier la crise sanitaire qui représentaient 3,3 points de PIB dans l'ensemble de la zone euro en 2021 devaient baisser pour atteindre 0,9 point de PIB en 2022 et s'effacer totalement en 2023.

L'invasion de l'Ukraine, la crise énergétique et les tensions inflationnistes ont altéré ce scénario d'une normalisation rapide de la politique budgétaire en Europe. Ainsi, la politique budgétaire est passée du « quoi qu'il en coûte » (au moment de la Covid-19) à une stratégie de compensation des effets sur l'inflation et le pouvoir d'achat de la crise énergétique, ce qui a nécessité de mobiliser d'importantes ressources. En 2022, les ressources budgétaires totales engagées atteignent 2,9 % du PIB en Allemagne et en Italie, 1,7 % en France et 1,6 % au Royaume-Uni. Il faut noter que l'Espagne a moins fortement recouru à l'outil budgétaire du fait de l'exception ibérique concernant le marché de l'électricité, ce qui a permis de limiter par d'autres canaux les effets de la crise énergétique sur les acteurs privés espagnols[2]. Paradoxalement, le gouvernement américain, qui avait fortement soutenu le revenu des ménages pendant la

2 Le mécanisme d'exception ibérique a consisté à plafonner les prix du gaz pour limiter la hausse des prix de l'électricité.

crise sanitaire, n'a pas déployé de mesures leur permettant de faire face à l'augmentation de la facture énergétique.

Les mesures de lutte contre la crise énergétique non seulement diffèrent entre les pays mais sont mises en œuvre avec des temporalités différentes. Dès 2023, les mesures s'amenuisent en France, en Espagne, en Italie et au Royaume-Uni. En raison de l'instauration d'un bouclier tarifaire sur le gaz et l'électricité, dont le montant devrait excéder 30 milliards d'euros en 2023, l'Allemagne fait figure d'exception et voit les mesures de soutien augmenter de 0,4 point pour atteindre 2,2 % du PIB en 2023 (graphique 4). Le « mix » des mesures varie entre les pays. L'Allemagne et l'Italie ont privilégié une stratégie visant le soutien direct aux agents privés — comme les chèques « énergie », les aides à la mobilité ou les prestations sociales exceptionnelles — par rapport à la stratégie visant à diminuer directement les prix énergétiques suivie par l'Espagne, le Royaume-Uni et surtout par la France. Cette disparité d'outils explique en grande partie l'écart d'inflation observé entre la France et le reste de l'union monétaire. La limitation directe des prix énergétiques — *via* le bouclier tarifaire en France, en Italie ou plus tardivement au Royaume-Uni ou l'exception ibérique en Espagne — permet de limiter les mécanismes d'indexation des salaires et des prestations, ce qui devrait limiter à terme l'impact permanent de la crise énergétique sur le niveau des prix. Toutefois, on peut reprocher à ces mesures d'être insuffisamment ciblées et de conduire à la perte du « signal prix » : le plafonnement des prix limite les modifications des comportements de consommation qui permettraient d'atteindre les objectifs de réduction de la consommation énergétique de façon efficiente.

Ainsi, en cumulant la disparition des mesures liées à la crise sanitaire et le maintien de mesures pour pallier la hausse des prix de l'énergie, l'impulsion budgétaire serait négative en France (– 1,6 point de PIB), en Italie (– 0,7 point de PIB) et en Espagne (– 0,5 point de PIB) dès 2023[3]. *A contrario*, l'Allemagne maintient une impulsion budgétaire positive (0,3 point de PIB). Enfin, la politique budgétaire serait plutôt restrictive au Royaume-Uni. Pour l'année 2024, nous prévoyons — compte

3 L'impulsion budgétaire reflète l'orientation de la politique budgétaire, c'est-à-dire l'évolution du solde budgétaire hors charge d'intérêt et effets du cycle économique. Une impulsion positive (respectivement négative) traduit une politique budgétaire expansionniste (respectivement restrictive).

Graphique 4. **Mesures budgétaires pour limiter l'impact de la hausse des prix de l'énergie**

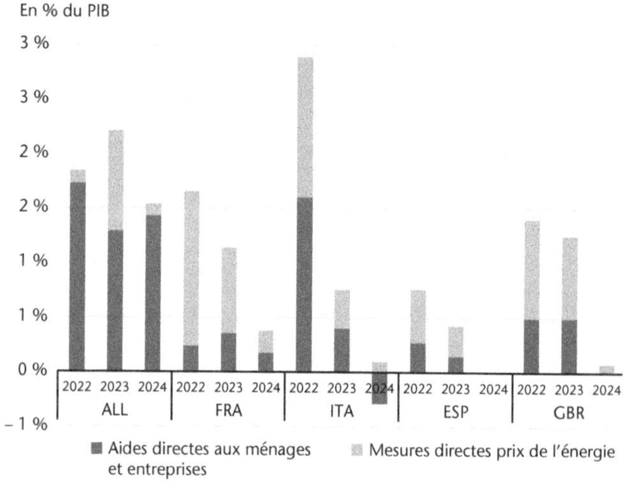

Sources : budgets nationaux ; calculs et prévisions OFCE.

tenu de nos prévisions de prix énergétiques et de la normalisation progressive de l'inflation — une réduction des mesures budgétaires liées à la crise énergétique. Dans ce contexte, l'impulsion budgétaire serait négative dans les plus grands pays de la zone euro (– 0,8 point en Allemagne, – 0,8 point en Italie, – 0,3 point en France et – 0,2 point en Espagne) et au Royaume-Uni.

Se pose alors la question de l'impact de ces crises successives sur les finances publiques. Force est de constater que les dettes publiques se sont accrues par strate depuis 2007, reflétant les conséquences de la crise des *subprimes* en 2008-2009, d'une période de faible croissance après 2009, puis celles de la crise de la Covid-19 en 2020 (graphique 5). De fait, lors de ces crises, les finances publiques ont été systématiquement mobilisées pour stabiliser l'activité économique, sauver les systèmes financiers et amortir les pertes de revenu primaire des agents. Dans chaque cas, cela s'est traduit par une hausse supplémentaire de la dette publique non corrigée par la suite à l'exception de l'Allemagne qui a réussi à réduire sa dette de 14 points entre 2009 et 2019.

Graphique 5. **Évolution des dettes publiques brutes depuis 2007**

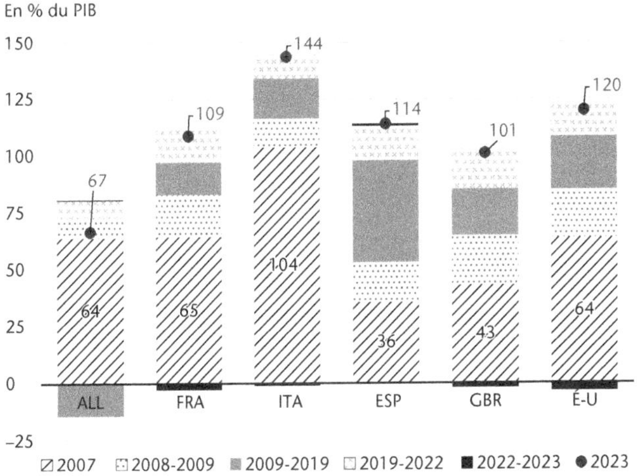

Sources : comptes nationaux ; FMI ; prévisions OFCE avril 2023.
Pour l'Allemagne, la France, l'Italie et l'Espagne,
il s'agit de la dette au sens de Maastricht.

Ce rôle d'amortisseur des chocs est de nouveau crucial pour faire face à la crise énergétique. Pour autant, la situation actuelle se distingue des précédentes crises en matière de dette publique puisqu'elle s'accompagne d'une forte inflation, qui n'avait pas été anticipée et qui impacte la trajectoire de la croissance nominale et des dettes. À court terme, il en résulte un effet favorable sur le ratio de dette sur PIB notamment parce que l'augmentation de l'inflation n'est pas répercutée sur le taux apparent, ce qui explique donc la stabilisation, voire la baisse des ratios de dette publique sur PIB entre 2022 et 2023. Mais, à terme, une hausse durable des taux d'intérêt pour compenser l'inflation pourrait venir accroître la charge d'intérêt compensant ainsi l'effet prix. Se posera alors la question des besoins de ressources publiques permettant d'assurer les objectifs climatiques. La politique budgétaire connaîtra, probablement, des bouleversements majeurs dans le futur. L'issue des débats en cours sur la gouvernance budgétaire (voir chapitre IX) en zone euro pourra être largement déterminante sur la trajectoire des années à venir.

L'épargne des ménages ne permet pas d'éviter le ralentissement

Les transferts budgétaires réalisés en faveur des ménages et la dynamique des salaires induite par un rattrapage sur l'inflation devraient soutenir le revenu disponible brut (RdB) des ménages en 2023. La hausse de l'inflation ne serait toutefois pas intégralement compensée en Allemagne, en France et en Italie si bien que les ménages perdraient en pouvoir d'achat. La situation serait plus favorable en Espagne avec une progression du RdB réel de 2,7 % et dans une moindre mesure au Royaume-Uni. Dans ces conditions, le soutien de la consommation à la croissance dépendra en partie de l'ajustement du taux d'épargne. Les transferts reçus en 2020 et 2021 ont effectivement alimenté l'épargne des ménages. En fin d'année 2022, à l'exception de l'Espagne et l'Italie, le taux d'épargne était toujours supérieur à celui d'avant la crise sanitaire indiquant que les ménages n'avaient pas puisé dans leur surépargne. Néanmoins, l'inflation a en partie rogné cette manne financière surtout lorsque celle-ci a été conservée sous forme d'épargne liquide (en comptes courants ou directement en espèces).

Par ailleurs, la répartition de cette surépargne pourrait suggérer qu'elle ne sera pas intégralement dépensée. Pour les ménages les moins aisés, les transferts ont peut-être tout juste permis d'amortir l'augmentation des prix de l'énergie. Pour les plus aisés, le niveau d'épargne est probablement plus élevé mais ne sera pas forcément dépensé, la propension marginale à consommer des plus riches étant moins élevée. Dans un contexte d'incertitude, les ménages pourraient aussi se montrer prudents plutôt que d'engager des dépenses trop importantes. Enfin, la hausse des taux d'intérêt freinerait la consommation — *via* le renchérissement du coût du crédit — et inciterait également à épargner.

Nous supposons donc que le taux d'épargne resterait supérieur à son niveau de 2019 en Allemagne, en France et au Royaume-Uni (graphique 6). En Espagne, le taux d'épargne remonterait légèrement par rapport à son niveau de 2022. En conséquence, la consommation baisserait en moyenne annuelle en Allemagne et au Royaume-Uni en 2023 avant de se redresser l'année suivante. En Italie et en France, la consommation serait atone même si, par des effets d'acquis, la moyenne annuelle atteignait 1,1 % en 2023 avant de se stabiliser en 2024[4].

4 Ainsi, même avec une croissance nulle à chaque trimestre de l'année 2023, la stabilisation de la consommation au niveau observé au quatrième trimestre 2022 se traduirait par une augmentation en moyenne annuelle.

Graphique 6. **Taux d'épargne des ménages**

En écart à la moyenne de 2019

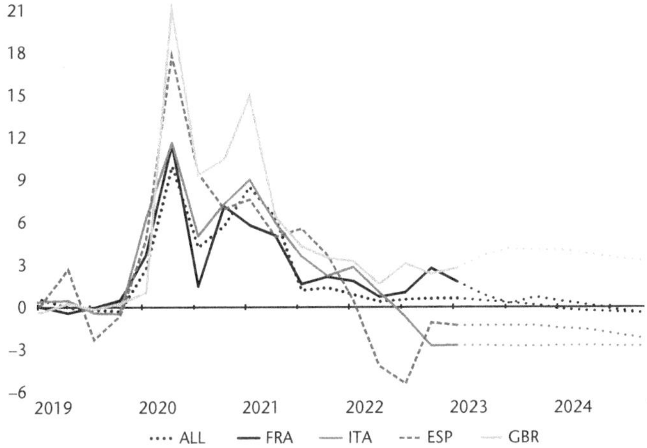

Sources : comptabilités nationales ; calculs et prévisions OFCE avril 2023.

Bien que partiellement amortis par la politique budgétaire, la crise énergétique et le resserrement monétaire pèseront sur la croissance. La plupart des pays parviendraient à échapper à la récession, mais la croissance serait pour autant atone au moins jusqu'à mi-2023. Sur l'ensemble de l'année, le PIB de la zone euro progresserait de 0,9 % contre 3,5 % en 2022. Le coup de frein sur l'activité est plus marqué en Allemagne (0,3 %) et en Italie (0,4 %) tandis que l'Espagne résisterait mieux. Le Royaume-Uni continue de flirter avec la récession, mais devrait y échapper au premier semestre 2023. En moyenne annuelle, la croissance atteindrait alors 0,3 %. La trajectoire de reprise post-Covid-19 serait donc fortement altérée par la diffusion progressive des chocs. Un rebond modéré interviendrait à partir du troisième trimestre. Quand bien même le resserrement monétaire toucherait à sa fin, la diffusion des hausses de taux passées continuera d'amputer partiellement la croissance en 2024.

Ce ralentissement de l'activité devrait se traduire par une dégradation de la situation sur le marché du travail. L'impact dépendra néanmoins également de l'évolution de la productivité du travail et de celle de la population active. Nous supposons que les tendances de productivité pré-crise ne seront pas remises en cause. Ainsi, après avoir rapidement baissé en 2021 et 2022, le taux de chômage de la zone euro augmenterait légèrement en 2023 pour atteindre 7,1 % en fin d'année. La hausse serait de même ampleur au Royaume-Uni sur l'ensemble de l'année, avec néanmoins un niveau de chômage 3 points en dessous de celui de la zone euro.

Le retour du risque financier

Les difficultés de certaines banques américaines ont ravivé la crainte d'une crise bancaire globale. Les banques de la zone euro semblent cependant moins exposées qu'en 2008 à un effet de contagion en provenance des États-Unis. Inversement, l'endettement des entreprises s'était déjà accru avant la crise de la Covid-19, ce qui avait suscité quelques inquiétudes. Les garanties apportées par les États pour amortir les conséquences de la mise sous cloche des économies ont ajouté une nouvelle strate d'endettement privé mais également public. Dans un contexte de taux d'intérêt plus élevés, les contraintes de désendettement pourraient être plus sévères, ce qui se traduirait par un ralentissement plus durable de la demande de crédit et agrégée.

Les données disponibles au niveau agrégé invitent cependant à considérer comme peu probable un scénario de crise bancaire généralisée qui partirait des banques régionales américaines pour toucher les principaux établissements bancaires européens. En effet, il semble que l'exposition des principales banques européennes au système financier américain — mesurée par la part des créances américaines sur le total des actifs — est moins forte qu'elle ne le fut en 2008 (graphique 7). Plus généralement, les banques européennes affichent des ratios prudentiels supérieurs aux minima requis, témoignant d'une certaine capacité à absorber des pertes ou faire face à des besoins en liquidités[5]. Les critères dits de Bâle 3, mis en place après la crise de 2008 et largement transposés par les régulateurs européens, ont en effet renforcé les exigences réglementaires et posé un cadre permettant d'identifier les banques dites systémiques, *i.e.* celles dont la chute entraînerait une déstabilisation du système financier dans son ensemble.

5 La réglementation prudentielle impose aux banques de détenir une part de fonds propres pour faire face à d'éventuelles pertes. Ce « coussin » de sécurité est calculé à partir du ratio entre les fonds propres bancaires et l'actif pondéré par le niveau de risque.

Graphique 7. **Exposition des banques de la zone euro aux créances américaines**

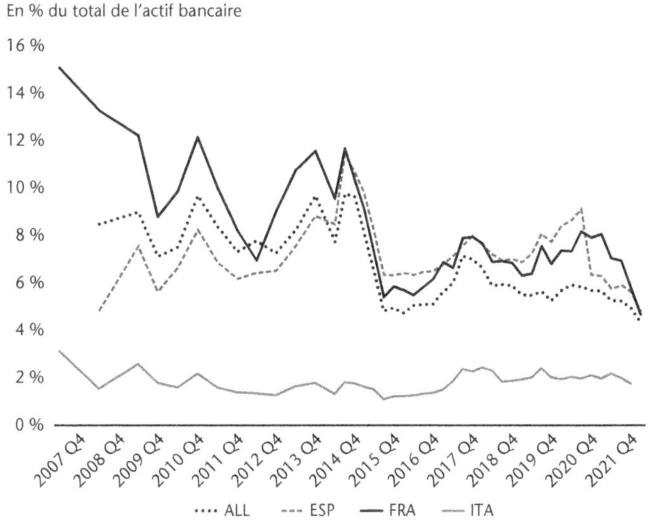

Sources : BRI (*Consolidated Banking Statistics*) ; BCE (*Consolidated Banking Data*) ; calculs OFCE.

Au niveau de la zone euro, le ratio de capitaux en fonds propres de base sur l'actif pondéré par le risque était de 16,3 % en moyenne au troisième trimestre 2022 (8,1 % en 2007), contre 13,7 % exigés par les superviseurs pour 2023. Les *liquidity coverage ratios* (LCR), qui mesurent la capacité des banques à faire face aux besoins de liquidité à court terme, étaient autour de 160 % en moyenne, contre un ratio minimum exigé de 100 %. Les banques européennes sont donc en conformité avec les réglementations prudentielles qui leur sont appliquées.

Conclusion

L'activité économique européenne tournera au ralenti en 2023, mais pourrait échapper à la récession. Quant à l'inflation, elle baisserait progressivement, mais se maintiendrait à un niveau élevé. Cette nouvelle crise intervenue depuis la fin de l'année 2021 met de nouveau la gouvernance européenne face à des choix cruciaux. La BCE doit-elle ramener au plus vite l'inflation vers sa cible de 2 % au risque d'amplifier le ralentissement ? Les gouvernements doivent-ils songer à réduire leur dette à l'heure où les inégalités induites par la crise énergétique s'accroissent et que le défi du changement climatique impose de nouveaux investissements en faveur de la transition énergétique ?

Wie funktioniert die Energieversorgung in Dt./Fr./EU?

II / Inflation en Europe : les conséquences sociales du choc asymétrique[1]

Guillaume Allègre

L'invasion de l'Ukraine par la Russie le 24 février 2022, qualifiée par les Russes d'« opération militaire spéciale », a ouvert une nouvelle ère géopolitique et économique, demandant une cohésion renforcée dans l'Union européenne. D'un point de vue économique, dans un premier temps, le choc le plus important pour les Européens a été un choc de prix, notamment sur l'énergie et les céréales.

Ces hausses de prix se sont ensuite répercutées en cascade sur les consommateurs finaux de l'Union européenne. Le prix de l'essence à la pompe réagit rapidement aux variations du prix du pétrole, surtout à la hausse. Pour d'autres biens, les contrats (entre le consommateur final et son distributeur, entre le distributeur et le fournisseur) sont complexes et peuvent introduire une inertie ou une absence de transmission. D'autres prix peuvent augmenter en cascade, comme celui de l'électricité par indexation ou formation des prix sur le marché : sur le marché de gros de l'électricité, lorsque la demande est forte, l'hiver, le coût marginal est très lié au prix du gaz car les derniers MW/h sont obtenus par les centrales à gaz. Or le marché européen de l'électricité prévoit que le prix est fixé au coût variable du dernier moyen de production appelé pour tous les producteurs et les consommateurs. Cependant, les subventions ou la réglementation des prix finaux peuvent empêcher les cascades de hausses de prix, et ce de façon différenciée selon les pays européens et, dans certains pays,

1 Ce texte s'appuie sur le rapport de Geerolf *et al.* [2022].

selon le type de contrat de fourniture d'énergie (électricité, gaz) des consommateurs.

Dans un premier temps, les tensions les plus importantes concernant les hausses de prix en Europe sont venues du marché du gaz. Le gaz est l'une des principales sources d'énergie en Europe. Au début de la crise, il représentait 24,3 % de l'apport énergétique total de l'Union européenne. De plus, le gaz était relativement bon marché : au premier semestre 2021, le prix final moyen du kWh pour les ménages européens était de 6,4 centimes en moyenne contre 22 centimes le kWh issu de l'électricité (source : Eurostat). L'UE importait 80 % de ses besoins totaux en gaz, dont un peu moins de la moitié (43 %) de Russie. Parmi les autres fournisseurs figuraient la Norvège (24 %), l'Algérie (13 %) et les États-Unis (7 %). Le 8 mars 2022, la Commission a publié un plan, REPowerEU, pour viser l'indépendance vis-à-vis des combustibles fossiles russes « bien avant la fin de la décennie ». Cependant, à court terme, la substitution est difficile car la plupart des importations de Russie provenaient de gazoducs, et que les infrastructures pour le gaz naturel liquéfié (GNL) étaient insuffisantes et plus coûteuses.

Dans un deuxième temps, ce sont les produits alimentaires qui ont été les plus affectés, et ce par deux canaux. Premièrement, certains produits et matières premières (engrais, céréales — voir chapitre V) étaient directement produits en Ukraine ou en Russie. Deuxièmement, l'activité du secteur est intense en énergie directement et indirectement (transport, emballages).

Geerolf *et al.* [2022] mesurent l'impact des augmentations de prix à la suite de l'invasion de l'Ukraine sur le pouvoir d'achat des ménages pour chaque État membre et, à l'intérieur de chaque État, par quintile de revenu. Dans une première étape, les augmentations de prix significatives sont repérées, au niveau de désagrégation le plus fin possible, selon la nomenclature COICOP[2], qui permet de repérer notamment les augmentations de prix dans l'énergie, l'alimentaire et les transports. Ensuite, les enquêtes « Budget des ménages » publiées par Eurostat permettent d'identifier la structure de consommation des ménages par État membre et quintile. Nous utilisons la dernière enquête publiée (Eurostat, 2015). Croiser la structure

2 *Classification of Individual Consumption by Purpose* : nomenclature internationale permettant de décomposer la consommation des ménages (viande, tabac, chaussures, loyers, électricité, gaz, restauration...).

de consommation aux augmentations de prix permet d'estimer un impact différencié des hausses de prix, notamment par quintile. Les modifications de comportement de consommation à la suite des chocs de prix asymétriques ne sont pas prises en compte, mais, à court terme, celles-ci représentent également un coût pour les consommateurs. Dit autrement, ne pas tenir compte des potentiels ajustements de consommation (par baisse ou substitution) ne réduit pas au premier ordre les coûts induits par les hausses de prix.

Cette approche par les prix a des limites : certains gouvernements ont réagi à l'inflation en agissant directement sur les prix — ce qui sera pris en compte dans les mesures effectuées ici — et d'autres en agissant sur les revenus (*via* des chèques « énergie » universels ou ciblés sur les plus pauvres par exemple), interventions qui ne seront donc pas prises en compte ici[3]. Nous ne prenons pas en compte non plus les évolutions des salaires et les revenus de transferts, plus ou moins indexés sur les prix (comme les pensions en France). Enfin, nous ne prenons pas en compte les futures hausses de prix dues à des mécanismes connus d'indexation (si certains prix sont automatiquement indexés dans le futur à des hausses de prix déjà passées, ce qui peut être le cas dans certains contrats d'énergie). Pour cet exercice, nous considérons la hausse des prix des biens consommés par les ménages entre février 2022 et février 2023. Ce choix temporel est en partie arbitraire. Il correspond au début de l'invasion de 2022, mais les prix de gros du gaz et du pétrole et de l'électricité ont fortement augmenté dès mi-2021, du fait des incertitudes concernant l'approvisionnement depuis la Russie et du non-remplissage par Gazprom des stockages qu'il détient en Europe [Commission de régulation de l'énergie, 2022].

Contexte

La hausse du prix sur le marché de gros du gaz a été le premier déclencheur de l'inflation. Début 2021, le prix spot sur le marché de gros néerlandais (TTF) était d'environ 20 dollars. Ce prix augmente fortement à partir de septembre 2021, sous l'effet d'une anticipation d'un embargo et de l'interruption

3 Sur les politiques menées par les gouvernements pour tenter d'endiguer l'inflation, voir chapitre IV.

par les entreprises russes des livraisons hors contrat long, avec comme double conséquence de réduire le stockage en Europe (qui, en Allemagne et en Autriche, était en partie géré par Gazprom [Sheppard *et al.*, 2021]) et d'augmenter à court terme les prix d'exportation du gaz, et la trésorerie de l'entreprise nationale russe. À la veille de l'invasion, le cours est d'environ 80 dollars, quatre fois plus élevé que début 2021. L'invasion et la volonté européenne de se passer le plus possible de gaz russe font exploser les cours, qui atteignent un pic de 340 dollars en août 2022 au moment où chaque pays veut remplir ses réserves pour l'hiver et se fait concurrence sur le GNL, gaz liquéfié livré par bateau (États-Unis, Qatar...). Le prix n'a fait que décroître depuis, pour atteindre 40 dollars en février 2023, au fur et à mesure de la signature de contrats de long terme avec des fournisseurs alternatifs et de l'installation d'infrastructures permettant de recevoir du GNL en plus grande quantité, et en même temps qu'une meilleure coopération européenne dans l'utilisation des stocks pour fluidifier le marché, et qu'une moindre consommation de la part des entreprises et des consommateurs, parfois avant l'augmentation des prix.

Les fluctuations sur le marché du pétrole n'ont pas été aussi importantes mais sont allées dans le même sens : le Brent s'échangeait à 50 dollars début 2021, autour de 80 dollars à la veille de l'invasion, à un pic de 125 dollars en juin 2022 et de nouveau autour de 80 dollars en février-mars 2023.

Ces fluctuations s'ajoutent cependant à celles de l'euro. Début 2021, l'euro s'échangeait à 1,20 dollar, puis 1,13 dollar mi-février 2022, avant de descendre à un plus bas de 0,96 dollar mi-octobre 2022 puis de remonter autour de 1,08 dollar en février 2023. Les facteurs de tension principaux sur les marchés de gros refluent donc depuis quelques mois, mais cela ne présage pas entièrement des répercussions sur les prix finaux auxquels les consommateurs sont confrontés.

Les pays européens diffèrent selon leur consommation finale d'énergie. Premièrement, ils diffèrent selon leur consommation totale d'énergie, en MWh par tête, avec à une extrémité la Finlande (55,8) et à l'autre la Roumanie (18,8). La France (23,1) ou l'Allemagne (37,6) sont dans des positions intermédiaires mais pas entièrement équivalentes (source : Eurostat). Les écarts s'expliquent entre autres par les revenus par tête, les besoins de chauffage et de transport. Deuxièmement, ils diffèrent par la composition de la consommation, Chypre et la Suède ayant des consommations nulles ou très faibles de gaz, tandis que les Pays-Bas, la Belgique, l'Italie et l'Allemagne utilisent un volume important de gaz par tête. Enfin, les pays diffèrent également par le type de contrat qui les lie à leurs fournisseurs de gaz. La plupart des pays européens sont passés d'une indexation de ces contrats sur le pétrole à une indexation sur le gaz dans les contrats de long terme. L'indexation dans les contrats est ainsi passée de 93 % indexés sur le pétrole en 2005 à 75 % indexés sur le gaz en 2019 [IEA, 2020]. Pour les défenseurs de ce système, il encourage la concurrence, l'efficience allocative, réduit le coût de la transition écologique et augmente la transparence des prix [IEA, 2020]. L'évolution vers des contrats indexés sur le prix *hub* du gaz est plus prégnante dans les pays du nord-ouest de l'Europe, et notamment aux Pays-Bas, tandis que les pays scandinaves et baltiques ont moins franchi le pas, peut-être parce qu'ils ont gardé en tête les risques liés au pouvoir de marché : pour un fournisseur comme la Russie, il est beaucoup plus facile de manipuler le prix du gaz européen que celui du pétrole, dont le prix est fixé sur le marché mondial, les prix de transport étant beaucoup plus faibles. Paradoxalement, le passage de l'indexation des contrats de long terme du pétrole aux prix *hub* du gaz est une demande de la Commission européenne et du Parlement européen à partir de 2013, contre la volonté des fournisseurs historiques, y compris russes (voir Wieczorkiewicz [2014] pour une critique de cette stratégie). Dès 2014, Theisen soulignait aussi un problème potentiel de cette stratégie dans le contexte européen : « La progression continue de l'indexation *hub*, en particulier sur les marchés immatures manquant de profondeur, donne à Gazprom la capacité de vendre à des prix plus attractifs dans la limite supérieure des contrats fournisseurs et de saisir ainsi une plus grande part de marché. Cela offre également à l'entreprise la possibilité de vendre directement dans ce marché afin de manipuler les prix sans perturber la relation avec ses gros clients » [Theisen, 2014].

Enfin, les consommateurs européens (consommateurs finaux et entreprises) ont des contrats variés avec les fournisseurs d'énergie. Les contrats fixent les prix à plus ou moins long terme, la tendance allant vers plus de contrats à prix variables, notamment aux Pays-Bas, en Belgique, en République tchèque et en Espagne, où plus de 50 % des consommateurs ont des contrats à prix variables, afin de supposément rapprocher la facture de la réalité du marché (ce qui fait supporter aux ménages les fluctuations du marché).

L'impact sur les ménages tel qu'analysé ici ne présume pas de l'impact global pour un pays dans son ensemble : l'augmentation du prix importé du gaz peut être pris en charge — plus ou moins temporairement — par d'autres acteurs que les ménages, comme l'État, qui peut supporter des déficits supplémentaires financés par des impôts futurs.

Résultats

Selon nos résultats, les pays les plus touchés par la hausse des prix entre février 2022 et février 2023 sont la Hongrie (25,8 %), la Lettonie (20,2 %), la République tchèque (18,3 %), l'Estonie (17,9 %) et la Lituanie (17,3 %). La proximité avec l'Ukraine et la Russie apparaît ainsi être un facteur aggravant. Les pays où l'impact est le plus faible incluent le Luxembourg (4,8 %), la Belgique (5,5 %), la Grèce (6,6 %) et la France (7,3 %). Cependant, le choix de la période influe, certains pays ayant vu leurs prix augmenter entre septembre 2021 et février 2022 (la Belgique et les Pays-Bas, par exemple, car les fournisseurs d'énergie y répercutent plus rapidement les hausses des prix de gros sur les consommateurs).

Le graphique 1 montre l'impact différencié des hausses de prix sur le pouvoir d'achat des ménages selon le quintile de niveau de vie dans chaque pays de l'Union européenne. Dans tous les pays, les 20 % les moins aisés (Q1) font face à un choc beaucoup plus important que les 20 % les plus aisés (Q5). C'est en France que l'écart est le plus faible. De façon peu surprenante, l'écart absolu entre les quintiles est plus élevé là où le choc d'inflation a été le plus fort. En France, la perte de pouvoir d'achat est ainsi d'environ 4 % pour les ménages les moins aisés (Q1) et d'environ 2 % pour les ménages les plus aisés (Q5) alors que, en Lettonie, les pertes sont respectivement de 16 % et 8 %. Notons que l'impact différencié sur les ménages les moins aisés est lié à ce choc de prix particulier et notamment à la surreprésentation des dépenses d'énergie, de transport et d'alimentation — les postes les plus touchés — dans le budget des moins aisés. Ces mêmes budgets pourraient être impactés dans le futur par les efforts fournis en vue de la transition climatique. Nous y reviendrons en conclusion. L'impact différencié de la hausse des prix entre les moins aisés (Q1) et les plus aisés (Q5) varie : le choc a plutôt préservé les

Graphique 1. **Impact sur le niveau de vie de la hausse des prix entre février 2022 et février 2023 par pays de l'Union européenne et quintile de niveau de vie (Q1 et Q5)**

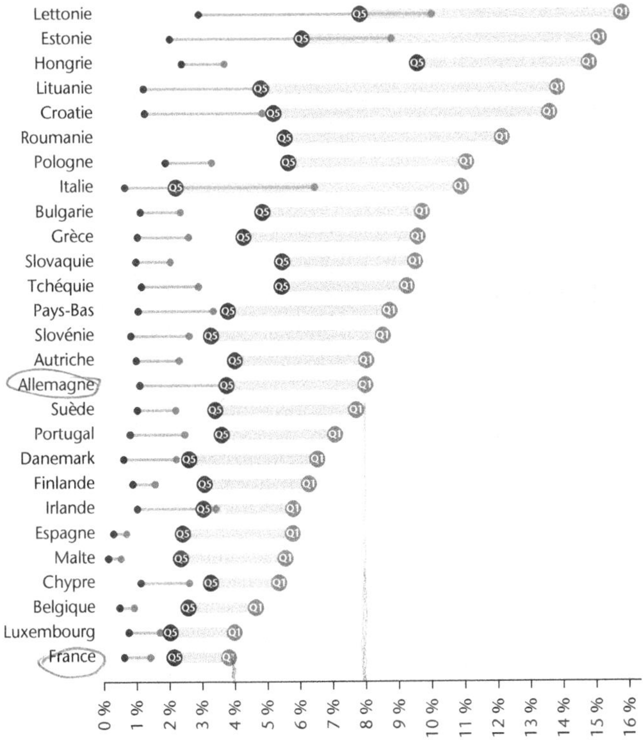

Note : l'impact sur chaque décile est calculé en pourcentage du revenu du quintile pour tous les produits.

Les points plus petits correspondent à une sélection de COICOP (CP0111, CP0115, CP0451, CP0452, CP0453, CP0454, CP0722).

L'impact est la somme des impacts mensuels divisée par la somme des revenus mensuels pour les mois considérés.

Source : Eurostat HCIP et revenus par quintile.

plus pauvres par rapport aux plus aisés en Italie (environ 2 % *versus* 11 %), tandis que l'inverse est vrai en Hongrie (10 % *versus* 15 %).

Inflation et pauvreté statistique

Dans l'Union européenne, est considéré comme pauvre d'un point de vue monétaire un individu appartenant à un ménage dont le niveau de vie, en monnaie nationale, est inférieur à 60 % du niveau de vie médian national. L'indicateur de pauvreté monétaire est relatif : il dépend de la position relative du ménage dans la distribution nationale des niveaux de vie (qui est égal au revenu disponible d'un ménage divisé par son nombre d'unités de consommation[1]). Par conséquent, si le revenu de tous les individus double, le taux de pauvreté reste constant. C'est en fait un indicateur d'inégalités dans le bas de l'échelle des revenus. Un des avantages de cet indicateur est sa simplicité : il suffit de connaître le revenu disponible (après impôts et transferts sociaux) d'un échantillon représentatif de ménages pour calculer un taux de pauvreté dans chaque pays. Cet indicateur monétaire n'est cependant pas sans défaut, si bien qu'Eurostat nomme prudemment l'indicateur « taux de risque de pauvreté ». L'analyse présentée ici pourrait alimenter la controverse autour de cet indicateur de pauvreté monétaire. En effet, l'indicateur ne prend en compte que le revenu, et ne tient donc pas compte des différents besoins et notamment de l'inflation différentielle impactant les ménages les plus pauvres et les plus riches. Si les ménages pauvres et riches ont des paniers de consommation différents (les ménages les plus pauvres consommant relativement plus de transports, de chauffage et de nourriture), l'inflation asymétrique observée à la suite de l'invasion de l'Ukraine aura un impact différencié sur l'aisance des ménages pauvres et riches, mais comme les niveaux de revenus sont stables, les indicateurs d'inégalités (pauvreté, Gini de niveau de vie) seront stables. Il y a un risque de mauvaise estimation de l'évolution de la pauvreté et de son intensité. De plus, les politiques visant à compenser en partie la hausse des prix en augmentant le revenu des plus pauvres auront pour effet de réduire la pauvreté statistique. Enfin, des politiques équivalentes du point de vue des ménages pourraient avoir des impacts très différents sur le taux de pauvreté monétaire : un tarif social de l'énergie ne sera généralement pas reflété dans le taux de pauvreté (car affectant les prix), tandis qu'un chèque social fera baisser le taux de pauvreté (car affectant les revenus).

Il s'agit de limites bien connues de l'indicateur de pauvreté monétaire, qui ne s'appuie que sur les revenus. Pour répondre à ces lacunes, Eurostat a développé un deuxième indicateur, utilisant l'approche de la privation

Focus sur quatre pays : la France, l'Allemagne, l'Espagne et l'Estonie

Nous choisissons un focus sur quelques pays : la France ; l'Allemagne pour sa proximité-rivalité avec la France ; l'Espagne, qui a bénéficié du mécanisme dit « ibérique », lui permettant de s'isoler du marché européen ; l'Estonie, qui a été un des pays les plus concernés par la hausse des prix — c'est celui où les plus pauvres ont été le plus touchés (graphique 1).

matérielle et sociale. Dans cette approche, dont l'utilisation gagne du terrain, une personne est considérée en situation de précarité si elle déclare ne pas disposer de ressources financières suffisantes pour accéder à un certain nombre de biens et services, jugés nécessaires à des conditions de vie décentes en Europe (« garder sa maison suffisamment chaude », « s'offrir une connexion Internet » ou « une voiture à usage personnel » et « un repas protéiné par jour »). Les personnes incapables de couvrir les dépenses d'au moins cinq des treize éléments sont considérées comme en privation.

Aujourd'hui, si vous cherchez « taux de pauvreté dans l'Union européenne » dans un moteur de recherche, il y a de fortes chances que vous cliquiez sur une étude qui utilise un troisième indicateur : « en risque de pauvreté et d'exclusion sociale ». Sont pauvres, selon cet indicateur, les individus qui sont en risque de pauvreté monétaire, de privation matérielle ou vivant dans un ménage à très faible intensité de travail. Un avantage notable de cet indicateur est qu'il est susceptible d'augmenter à la fois lorsque les prix augmentent pour les populations les plus pauvres et lorsque le niveau de vie des plus pauvres diminue. Cet indicateur a également une composante « absolue » : si tous les revenus diminuent, la privation augmente et la pauvreté est également susceptible d'augmenter, ce qui est conforme à une certaine intuition (la pauvreté a généralement une composante à la fois absolue et relative dans son acception commune). Toutefois, l'indicateur connaît d'autres problèmes. La privation ne peut être mesurée que par des enquêtes et n'est donc pas aussi prévisible que le revenu. Aussi, la façon dont les gens répondent aux enquêtes peut différer selon les pays et le temps (pour le même budget et les mêmes prix) : c'est en partie une mesure subjective. De plus, pouvoir s'offrir une voiture personnelle peut sembler pertinent aujourd'hui, mais ne sera pas nécessairement aussi pertinent dans vingt ans, ou alors plus à la campagne que dans une métropole. Ce qui est gagné apparemment en pertinence est perdu en comparabilité.

1. Pour tenir compte des différents besoins et des économies d'échelle, les statistiques européennes utilisent l'échelle dite de l'OCDE et attribuent 1 unité de consommation (*uc*) pour une personne seule, 0,5 pour des personnes de 14 ans ou plus supplémentaires et 0,3 pour des personnes de moins de 14 ans. C'est le seul besoin dont tient compte le niveau de vie : le handicap, le fait d'être propriétaire de son logement, l'éloignement de transports en commun ou le besoin de chauffage ne sont pas pris en compte.

La France se distingue dans l'Union européenne comme étant l'un des pays les moins touchés par la hausse des prix, et initialement comme le pays le moins touché (jusqu'en octobre 2022). Ceci s'explique en grande partie par des mesures politiques de plafonnement des prix du gaz et de l'électricité, non ciblées et couvrant à la fois les particuliers et certaines entreprises. Ces mesures ont un double bénéfice : premièrement, l'action sur les prix affecte directement l'indice *via* la composante énergie ; deuxièmement, l'inclusion des entreprises réduit les répercussions sur les biens et services. Le gouvernement a aussi instauré une ristourne à la pompe de 15 centimes puis de 30 centimes le litre. Ce n'est probablement pas une coïncidence si cette stratégie de plafonnement universel a été mise en place durant une année électorale (la première ristourne à la pompe a débuté en mars, quelques semaines avant l'élection présidentielle). Une conséquence de cette stratégie est le faible impact différencié du choc de *prix* entre les moins aisés et les plus aisés. Mais notre méthodologie ne permet pas de conclure définitivement de l'avantage en termes d'inégalités de ces mesures universelles par rapport à des mesures ciblées (plafonnant les prix uniquement pour les pauvres ou leur versant un revenu). Toutes choses égales par ailleurs, les mesures ciblées devraient plus réduire les inégalités. Mais la redistribution effective réelle dépend à la fois du ciblage et du poids budgétaire des mesures. Les mesures universelles ont un poids budgétaire beaucoup plus important et cet effet poids *peut* être plus important que l'effet ciblage. On parle de paradoxe de la redistribution lorsque les mesures universelles sont plus redistributives — ou favorables aux pauvres — que les mesures ciblées (l'école publique gratuite est l'exemple type d'une universalité favorable aux plus pauvres). Cet effet est d'autant plus important que les mesures universelles sont ou seront financées par des impôts redistributifs.

L'Allemagne se situe dans la médiane en termes de perte de pouvoir d'achat due à la hausse des prix (11,2 %). Le plus gros contributeur est le gaz, dont le poids dans le budget des ménages (3,3 %) est moitié plus important qu'en France mais reste plus faible qu'aux Pays-Bas (4,2 %). Outre l'énergie, l'inflation concerne surtout l'alimentaire (lait, viande). Les politiques publiques mises en place ont été massives, à la hauteur des liens du pays avec le fournisseur russe et des marges de manœuvre budgétaires plus importantes que dans d'autres pays européens. À la suite de la fermeture du gazoduc NordStream, l'État fédéral a nationalisé l'énergéticien Uniper pour un coût total de 34 milliards d'euros [Bruegel, 2023]. Les aides et prêts de l'État à la filière s'élèvent à 68 milliards. Selon Bruegel, le plan d'aide répondant à la crise énergétique est le plus important d'Europe (7,4 % du PIB), soit le double de la France (3,7 %). La réaction initiale a été modérée puisque le budget du premier paquet de mesures en mars 2022 s'élevait à environ 15 milliards d'euros. En septembre, le gouvernement annonce un « bouclier de défense économique » à 200 milliards, un ordre de grandeur au-dessus. Outre le sauvetage des énergéticiens, le plan inclut un « frein au prix du gaz » : les ménages et entreprises ont droit à un quota de gaz à prix réduit dont le volume est égal à 80 % de la consommation anticipée fondée sur la consommation passée. Au-delà, le gaz est facturé au prix de marché, de façon à garder les bonnes incitations.

L'Espagne a été relativement moins touchée par la hausse des prix (6,9 %), concentrée sur l'alimentaire (restaurants, viande, lait, céréales...). Le pays a profité avec le Portugal du statut d'« île énergétique » pour limiter la hausse des prix de gros de l'électricité. Comme la péninsule Ibérique est très peu interconnectée sur le réseau électrique avec le reste de l'Europe, l'Espagne et le Portugal ont eu droit de sortir du mécanisme de marché européen, sur lequel le prix de l'électricité était très lié au prix du gaz. De plus, les importations espagnoles de gaz proviennent de pays variés (Algérie reliée par gazoduc, États-Unis, Qatar) et le pays était ainsi moins dépendant des fournisseurs russes que d'autres pays européens. Les politiques publiques ont visé avant tout à contenir les prix, plutôt que de soutenir les revenus : suspensions de taxes énergétiques, réduction des coûts des centrales permise par le statut d'île énergétique/exemption ibérique, rabais à la pompe... Bruegel [2023] estime que, sur les 26 milliards d'aides aux foyers, 20 milliards portent sur les prix de façon non ciblée. Finalement, sur les 40 milliards de mesures (foyers plus entreprises), seuls 6 milliards sont ciblés soit en termes de prix soit en termes de revenus.

L'Estonie est un des pays les plus touchés par l'augmentation des prix depuis février 2022. C'est aussi un des pays où le ratio de pertes de pouvoir d'achat entre le premier et le dernier quintile est le plus élevé. Le poids de l'énergie dans le budget des ménages est élevé dans ce pays du nord de l'Europe qui s'est engagé à réduire son exploitation de pétrole de schiste. La situation frontalière avec la Russie est particulièrement désavantageuse. En août 2022, le prix de gros de l'électricité a atteint 4 000 euros le MW/h (de même qu'en Lituanie et en Lettonie), soit le plafond fixé par l'Union européenne. L'augmentation de 74 % du prix de l'électricité est le plus gros contributeur à la perte de pouvoir d'achat, notamment pour les 20 % les moins aisés (5,6 % de perte de pouvoir d'achat liée à l'électricité, contre 1,1 % pour les plus aisés). Le gouvernement a agi à la fois sur les prix et les revenus, notamment *via* une réduction de la redevance au réseau électrique de 50 % pour tous les consommateurs, par des subventions énergétiques non ciblées ou par des mesures de compensation pour les ménages les plus vulnérables : 80 % des augmentations de prix sont compensées pour les consommateurs domestiques [Bruegel, 2023].

Conclusion : quelle politique face à un choc asymétrique de prix ?

L'invasion de l'Ukraine a eu pour conséquence un choc asymétrique de prix dans les pays européens, touchant plus les ménages modestes que les ménages aisés, mais avec certainement une forte hétérogénéité au sein de ces ménages, selon leur structure de consommation, et notamment l'intensité énergétique de leur consommation. En outre, les gouvernements sont dans une incertitude importante sur le caractère transitoire ou non de ce choc. C'est une différence notable avec les évolutions asymétriques de prix qui seront liées à la transition environnementale : les évolutions de prix y seront nécessairement durables. Lors d'un choc potentiellement temporaire, il existe deux raisons de mettre en place des mesures non ciblées en termes de prix ou de revenus : premièrement, le soutien macroéconomique et, deuxièmement, le report du paiement de la charge, ce qui permet de décider de sa répartition une fois le coût final connu. Ces objectifs ne seraient pas poursuivis dans le cas d'une évolution asymétrique des prix liée à la transition environnementale. Un tel contexte plaide alors pour des politiques ciblées visant à réduire les chocs asymétriques, soit pour les plus pauvres, soit pour les plus impactés, soit à l'intersection des deux catégories (les plus pauvres sont les plus impactés). Si ces politiques sont justifiées par une hausse asymétrique des prix, il est logique de tenir compte de la consommation. Dans le contexte de la transition, il faut également que le signal prix joue son rôle. Ces deux logiques plaident pour des politiques de tarification progressives mettant en place des quotas à prix réduits puis des prix proches des prix de marché pour les volumes au-delà des quotas. Vue l'hétérogénéité des consommations, ces quotas — non échangeables — doivent probablement dépendre des caractéristiques des ménages, même si c'est au prix d'une certaine complexité[4]. Reste à développer les outils statistiques

4 On pourrait aussi imaginer une certaine convergence dans le temps des quotas afin de donner les bons signaux en termes de comportement de long terme, mais il faut éviter les politiques illisibles, d'autant que la crédibilité intertemporelle des pouvoirs

et administratifs adéquats permettant d'obtenir pour chaque foyer une estimation pertinente des besoins afin de calculer ces quotas. Ainsi, face à ces chocs asymétriques, la question redistributive se complexifie et doit tenir compte des besoins au-delà des revenus, tout en continuant à inciter à la réduction des besoins énergétiques non nécessaires.

Repères bibliographiques

Bruegel (2023), « National fiscal policy responses to the energy crisis », Bruegel Datasets.

Commission de régulation de l'énergie (2022), *Rapport annuel à la Commission européenne*, 31 juillet.

Commission européenne (2022), « REPowerEU : une énergie abordable, sûre et durable pour l'Europe ».

Geerolf F., Timbeau X. et Allègre G. (2022), « Social impact of the war in Ukraine (SIWU) », OFCE/SIWU.

IEA (2020), « Fast-tracking gas market reforms ».

Sheppard D., Mereen M. et Chazan G. (2021), « Gazprom's low gas storage levels fuel questions over Russia's supply to Europe », *Financial Times*, 27 octobre.

Theisen N. (2014), « Natural gas pricing in the EU : from oil-indexation to a hybrid pricing system », Regional Centre for Energy Policy Research (REKK).

Wieczorkiewicz J. (2014), « Abolishing oil indexation in gas contracts : is it the cure-all ? », *CEPS Commentary*.

publics est faible sur ces questions (il existe donc déjà un doute sur la persistance de quotas différenciés). Par souci de lisibilité, il est sûrement préférable que le long terme soit pris en compte par des régulations (concernant la transmission des anciens logements et l'implantation des nouveaux logements et bureaux).

III / Précarité énergétique et insécurité alimentaire en Europe

Éloi Laurent

La séquence écologique, économique et sociale que traverse l'Union européenne (UE) depuis février 2022 semble tout droit sortie d'un livre d'histoire sur le début des années 1970 : une agression territoriale aux portes de l'Europe qui engendre un embargo-représailles sur les énergies fossiles qui débouche sur une crise sociale et des politiques de sobriété énergétique dans les pays visés. Dans le contexte « stagflationniste » de l'époque du premier choc pétrolier, Arthur Okun avait inventé un indicateur qui entendait saisir le double malaise social qui s'installait et grandissait dans les pays développés, où, à des niveaux de chômage élevé, s'ajoutait une inflation bientôt galopante (près de 14 % d'inflation en France en 1974, le seuil du million de chômeurs étant franchi l'année suivante). Cet « indice de misère » macroéconomique (*misery index*, que l'on traduirait plus justement par « indice de souffrance sociale ») additionnait le taux de chômage et le taux d'inflation (il n'a depuis lors jamais cessé d'être calculé et recalculé, donnant lieu à une floraison de variantes plus ou moins inspirées, intelligibles ou utiles).

Pour tenter d'éclairer le contexte européen actuel et à venir, on peut vouloir de nouveau se prêter à l'exercice, en concentrant cette fois l'attention sur les deux facteurs qui expliquent en grande partie la dynamique des prix à la consommation : l'alimentation et l'énergie (l'inflation européenne a d'abord été tirée par l'énergie avant d'être tirée par l'alimentation). Mais la seule évolution des prix à la consommation de ces denrées essentielles ne permet pas d'appréhender leur impact social, on peut donc plutôt se référer à deux indicateurs sociaux-écologiques [Laurent, 2023] : la précarité énergétique et l'insécurité alimentaire[1].

On constate alors que la nouvelle vulnérabilité européenne vient de loin et tient autant à des facteurs internes aux pays membres de l'UE qu'à des chocs externes. Ce chapitre présente d'abord chacune de ces deux réalités désormais quotidiennes pour des dizaines de millions d'Européens avant de montrer de quelle manière les comprendre ensemble empiriquement pour tenter de les atténuer conjointement par des politiques de transition juste.

La précarité ou pauvreté énergétique

La précarité énergétique (ou pauvreté énergétique, *fuel poverty* ou *energy poverty* en anglais) est un phénomène multidimensionnel qui ne connaît pas encore de définition commune officielle dans l'UE, mais dont la montée en puissance et la reconnaissance datent d'il y a au moins trois décennies [Laurent, 2011 ; Moore, 2012]. Lors de son identification par Brenda Boardman [1991] comme un problème social substantiel, la précarité énergétique est définie comme la part des ménages dont les dépenses de combustible pour tous les services énergétiques dépassent 10 % de leur revenu. Depuis lors, la précarité énergétique a été reconnue comme un état de risque social qui résulte d'au moins trois facteurs : la faiblesse du revenu, de mauvaises conditions de logement et des prix élevés de l'énergie [Laurent, 2011].

L'Observatoire européen de la précarité énergétique (Energy Poverty Advisory Hub — EPAH) retient ainsi quatre indicateurs primaires et dix-neuf indicateurs secondaires[2] de précarité énergétique tandis que l'Observatoire national de la précarité énergétique met en avant, dans son « tableau de bord »

1 À titre d'illustration, on peut souligner l'écart qui s'est formé dans certains pays significatifs pour l'économie européenne entre l'indice d'Okun originel d'un côté et l'inflation énergétique et alimentaire de l'autre. En novembre 2022, au plus fort de la crise inflationniste dans la zone euro, l'indice d'Okun était de l'ordre de 14 % en Allemagne (3 % de taux de chômage + 11 % d'inflation à la consommation), mais la somme des taux d'inflation alimentaire et énergétique était de l'ordre de 60 % (40 % d'inflation énergétique et 20 % d'inflation alimentaire), alors qu'en Italie, quand le premier indice était de l'ordre de 20 %, le second s'établissait autour de 80 %, également dans un rapport de 1 à 4. Pour la zone euro dans son ensemble, l'indice d'Okun était de l'ordre de 17 % en novembre 2022 contre 50 % pour la somme inflation énergie + alimentation (source : Eurostat).

2 Les quatre indicateurs principaux sont les arriérés de facture, la dépense énergétique absolue, la part des dépenses énergétiques dans le revenu et l'incapacité à chauffer suffisamment son logement ; il existe également des indicateurs composites plus sophistiqués comme l'EDEPI Index développé par le réseau indépendant d'experts OpenExp.

Graphique 1. **Précarité énergétique dans l'UE selon la part de la population incapable de chauffer suffisamment son logement, en part de la population totale et en part de la population ayant un revenu inférieur à 60 % du revenu équivalent médian en 2020**

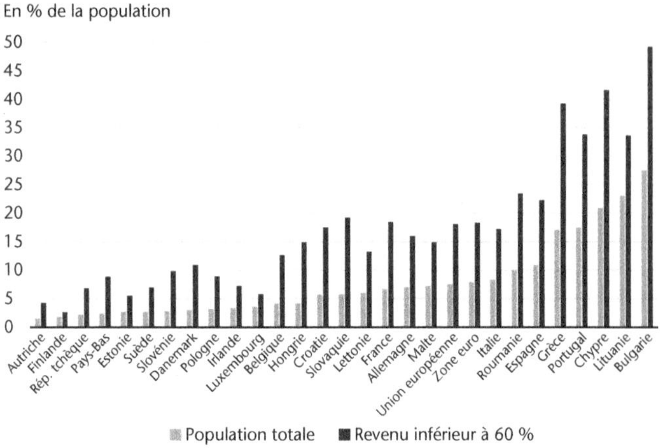

Source : Eurostat.

de mars 2023, trois indicateurs principaux[3] et une dizaine d'indicateurs secondaires pour en prendre la mesure [ONPE, 2023][4]. Un bon indicateur synthétique permettant d'apprécier et de comparer la situation des différents pays européens est celui établi par Eurostat qui mesure le pourcentage de la population se disant incapable de maintenir une température adéquate dans son logement, indicateur différencié selon le niveau de revenu (graphique 1). Cet indicateur montre que près de 8 % de la population totale dans l'UE — soit environ 35 millions

3 Ces trois indicateurs sont le taux d'effort énergétique (TEE), l'indicateur bas revenus dépenses élevées (BRDE) et le ressenti au froid (FROID) ; les deux indicateurs retenus pour le suivi du phénomène d'une enquête à l'autre sont l'estimation du taux d'effort énergétique par le modèle de microsimulation Prometheus du CGDD et le ressenti du froid mesuré par le baromètre Énergie-info réalisé par le médiateur national de l'énergie.

4 Selon la loi du 12 juillet 2010 portant engagement national pour l'environnement, « est en situation de précarité énergétique une personne qui éprouve dans son logement des difficultés particulières à disposer de la fourniture d'énergie nécessaire à la satisfaction de ses besoins élémentaires en raison de l'inadaptation de ses ressources ou conditions d'habitat ».

de personnes — et de la zone euro est touchée par la précarité énergétique (près de 20 % parmi les classes sociales les plus modestes) tandis que, en France, le phénomène concerne respectivement 7 % et 19 % des populations en question.

En 2021, 12 % des ménages vivant en France métropolitaine, soit 3,4 millions de ménages, sont en situation de précarité énergétique au sens du taux d'effort énergétique[5] (en augmentation de 1,4 point par rapport à 2020). Selon l'indicateur du froid ressenti du médiateur national de l'énergie, 22 % des ménages ont souffert du froid chez eux au cours de l'hiver 2021-2022 (contre 20 % en 2021).

Deux remarques s'imposent à la lumière de ces données : les indicateurs nationaux font état d'une précarité énergétique sensiblement plus élevée que l'indicateur synthétique européen ; la hausse de la précarité énergétique ne date pas de l'agression russe en Ukraine, dont l'impact n'a pas encore été mesuré de manière fiable mais dont on peut penser qu'elle est venue aggraver encore une situation qui se tend depuis 2021 (la baisse de la consommation d'électricité au cours de l'hiver 2022 est l'indice d'une sobriété sans doute davantage contrainte que choisie dans les choix énergétiques des ménages).

Il est significatif à cet égard que les premiers indicateurs officiels de précarité énergétique en Europe aient été construits et publiés au Royaume-Uni, où la libéralisation des marchés et des prix de l'énergie a été précoce et annonciatrice du mouvement qui s'est ensuite étendu à l'Europe continentale [Laurent, 2011]. Rappelons ici brièvement que c'est l'indexation des prix de l'électricité sur celui du gaz selon une logique de marché qui est responsable de l'explosion puis de la baisse rapide des prix de l'électricité en Europe en 2022-2023, le marché européen de l'électricité ayant été ouvert à la concurrence en 1996[6], tandis que les prix ont été libéralisés au Royaume-Uni dès la fin des années 1980[7].

5 Le taux d'effort énergétique (TEE) rapporte le niveau de la facture énergétique annuelle du logement de chaque ménage à son revenu annuel. On considère un ménage en situation de précarité énergétique au sens du TEE quand les dépenses énergétiques de son logement sont supérieures à 8 % de son revenu et qu'il appartient au 30 % des ménages les plus modestes.

6 Les premières directives de libéralisation (contenues dans le premier « paquet énergie ») ont été adoptées en 1996 (électricité) et 1998 (gaz), en vue de leur transposition dans les systèmes juridiques des États membres à l'échéance de 1998 (électricité) et 2000 (gaz) sur le fondement des articles 114 et 194 du traité sur le fonctionnement de l'Union européenne (TFUE).

7 À la toute fin du mandat de Margaret Thatcher, en 1989, est adopté l'*Electricity Act*, qui lancera un vaste mouvement de libéralisation des marchés de l'énergie outre-Manche.

La reconnaissance de l'ampleur du phénomène de précarité énergétique par les instances de l'UE ne date d'ailleurs pas de 2022-2023, même s'il a beaucoup tardé : un rapport détaillé recommandait aux États membres d'atténuer ce choc social en 2020 [Commission européenne, 2020], la Commission européenne a proposé dès juillet 2021 une refonte de la directive sur l'efficacité énergétique pour y intégrer l'enjeu de la précarité énergétique[8] et de nombreuses études sont parues ces dernières années pour souligner la prévalence et la persistance du phénomène au plan national, y compris au sein des États membres les plus riches [Drescher *et al.*, 2021].

Dans le contexte de l'agression russe en Ukraine, la pauvreté énergétique a fait l'objet d'une attention particulière des institutions européennes, le Parlement européen proposant à l'été 2022 d'amender le « Fonds social pour le climat » du Pacte vert pour y faire figurer une définition de la pauvreté énergétique incluant non seulement le logement mais aussi la mobilité[9] (sur cette double dimension, voir Martiskainen *et al.* [2021]). À la lumière de cette définition commune, les États membres seraient censés rendre des comptes aux autorités européennes sur leurs actions pour endiguer le phénomène sur le plan national tandis qu'une partie des moyens financiers déjà largement sous-dimensionnés « Fonds social pour le climat » sont supposés y contribuer sur le plan européen[10].

Cette approche fait l'objet d'une évaluation *via* le *Review of Electricity Market Arrangements* (REMA) décidée en 2022.

8 Il s'agirait d'introduire une nouvelle disposition (à l'article 2 (49)) définissant la précarité énergétique comme « le manque d'accès des ménages aux services énergétiques essentiels qui sous-tendent un niveau de vie et sanitaire décent y compris un niveau adéquat de chaleur, de fraîcheur, d'éclairage et d'approvisionnement suffisant pour leurs équipements ».

9 Les ménages affectés par la précarité énergétique du fait du logement seraient « les ménages des déciles de revenus les plus bas dont les dépenses énergétiques dépassent le double du rapport médian entre les dépenses énergétiques et le revenu disponible après déduction des frais de logement » tandis que ceux affectés par la précarité énergétique du fait de la mobilité seraient « les ménages qui ont une part élevée des dépenses de mobilité par rapport au revenu disponible ou une disponibilité limitée de modes de transport publics ou alternatifs abordables nécessaires pour répondre aux besoins socio-économiques essentiels » (selon la proposition des parlementaires européens Esther de Lange and David Casa).

10 Le 17 décembre 2022, le Parlement et le Conseil de l'UE sont parvenus à un accord provisoire sur la création du « Fonds social pour le climat » (SCF) qui serait doté de 87 milliards d'euros sur cinq ans à compter de 2027, à rapporter par exemple aux 1 000 milliards d'euros prévus pour le plan d'investissement du Pacte vert pour l'Europe.

L'insécurité alimentaire

L'insécurité alimentaire est un phénomène encore plus complexe à définir et à mesurer précisément que la précarité énergétique ; l'Organisation pour l'alimentation et l'agriculture des Nations unies (FAO) en trace ainsi les contours : « Une personne est en situation d'insécurité alimentaire lorsqu'elle n'a pas un accès régulier à suffisamment d'aliments sains et nutritifs pour une croissance et un développement normaux et une vie active et saine » (« La faim et l'insécurité alimentaire », fao.org). Reconnaissant qu'il s'agit d'un phénomène à géométrie variable, la FAO propose une échelle de mesure graduée de l'insécurité alimentaire[11] (voir encadré) et publie un rapport annuel sur l'état de la sécurité alimentaire et de la nutrition dans le monde, où l'accent est logiquement mis sur les pays en développement mais où figurent des données pour l'ensemble des pays.

Selon cet indicateur de la FAO, les pays membres de l'UE sont loin d'avoir éradiqué l'insécurité alimentaire : une insécurité alimentaire modérée ou sévère frappait en 2020 15 % des Bulgares, 11,5 % des Portugais, 10 % des Hongrois ou encore 9 % des Espagnols (et 6 % des Français).

On peut bien entendu affiner cette définition à l'aide notamment de l'avis récemment adopté par le Conseil national de l'alimentation [2022], qui rappelle que la lutte contre la précarité alimentaire vise à « favoriser l'accès à une alimentation sûre, diversifiée, de bonne qualité et en quantité suffisante aux personnes en situation de vulnérabilité économique ou sociale » (loi Egalim, 2018).

On peut donc distinguer le fait de ne pas pouvoir accéder en quantité suffisante à une nourriture saine et équilibrée (précarité) ou de craindre de ne pas le pouvoir à l'avenir (insécurité) et définir l'insécurité alimentaire comme le risque social d'un accès réduit ou culturellement peu acceptable à des denrées alimentaires adéquates en termes de qualité, de quantité et de sécurité sanitaire (selon cette définition, 12 % des adultes, plus jeunes que les autres et en majorité des femmes, se trouvaient en état d'insécurité alimentaire en en 2014-2015, soit environ 8 millions de personnes, tandis que

---

11 « L'insécurité alimentaire peut être ressentie à différents niveaux de gravité. La FAO mesure l'insécurité alimentaire à l'aide de l'échelle de mesure de l'insécurité alimentaire vécue (FIES – *Food Insecurity Experience Scale*) ».

Huit questions clés pour mesurer l'insécurité alimentaire

Le module d'enquête FIES de la FAO compte huit questions qui portent sur l'accès des personnes à une alimentation adéquate selon une gradation qui va de l'insécurité alimentaire comprise comme un risque à la privation totale de nourriture.

À un moment donné au cours des douze derniers mois, vous êtes-vous trouvé(e) dans une situation où, faute d'argent ou d'autres moyens :

1. vous avez été inquièt(e) de ne pas avoir assez à manger ?
2. vous ne pouviez pas manger des aliments nourrissants et bons pour la santé ?
3. vous mangiez presque toujours la même chose ?
4. vous avez dû sauter un repas ?
5. vous n'avez pas mangé autant qu'il aurait fallu ?
6. il n'y avait plus rien à manger à la maison ?
7. vous aviez faim mais vous n'avez pas mangé ?
8. vous n'avez rien mangé de toute la journée ?

Source : FAO.

7 millions de personnes seraient concernées par l'aide alimentaire[12] en 2020, en augmentation sensible depuis 2019, où elles étaient 5,5 millions) [Conseil national de l'alimentation, 2022].

Il n'existe pas aujourd'hui au niveau de l'UE de reconnaissance véritable du phénomène d'insécurité alimentaire alors qu'il n'était déjà pas négligeable avant le choc de 2022[13] et qu'il y a tout lieu de penser qu'il s'est fortement développé depuis, entraînant de nombreuses conséquences, notamment sanitaires, pour les populations européennes.

Vulnérabilité sociale-écologique et transition juste

L'insécurité alimentaire et la précarité énergétique apparaissent donc comme des symptômes de problèmes structurels qui préexistaient à l'agression russe en Ukraine et ont toutes les chances de s'aggraver encore à l'avenir s'ils ne sont pas enfin reconnus et atténués. Ces deux dimensions de la vulnérabilité sociale-écologique européenne ont par ailleurs partie liée du point de vue de l'offre comme de la demande. Du point de vue de l'offre,

12 L'article L266-2 du code de l'action sociale et des familles définit l'aide alimentaire comme « la fourniture de denrées alimentaires aux personnes en situation de vulnérabilité économique ou sociale, assortie de la proposition d'un accompagnement ».

13 Eurostat estimait ainsi que, en 2016, plus de 20 % d'Européens n'étaient pas en mesure de se permettre un repas avec de la viande, du poisson ou un équivalent végétarien un jour sur deux du fait d'un trop faible revenu [Eurostat, 2018].

Graphique 2. **Souffrance sociale-écologique dans l'UE en 2020**

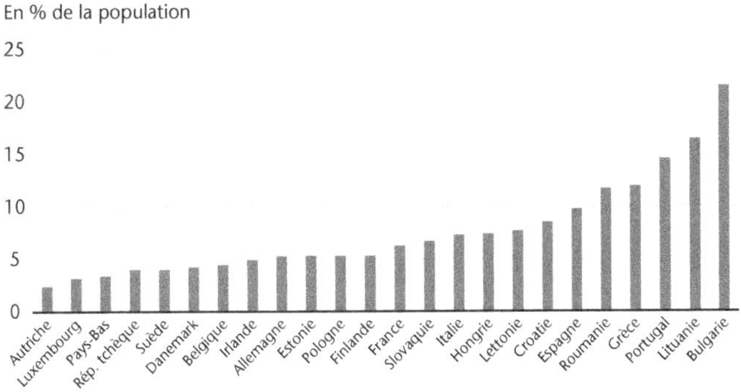

Sources : Eurostat ; FAO.

les prix alimentaires dépendent fortement des prix de l'énergie [FMI, 2022][14] et, du côté de la demande, l'arbitrage central de la consommation des ménages des classes populaires et même moyennes inférieures consiste depuis des années à devoir choisir entre « manger et se chauffer » (*eat or heat*).

Empiriquement, on peut d'abord vouloir construire un indicateur de vulnérabilité sociale-écologique incluant ces deux dimensions pour les pays membres de l'Union européenne. En croisant les données d'Eurostat et de la FAO, on peut calculer pour 2020 un « indicateur de souffrance sociale-écologique » qui fait la moyenne de la population en situation de précarité énergétique et d'insécurité alimentaire (on peut penser que le public concerné se retrouve en partie dans les deux mesures, ce qui rend l'addition des deux taux, comme dans le calcul originel d'Okun, peu légitime). On présente plus bas les résultats de cet indicateur pour la quasi-totalité des pays de l'UE (graphique 2).

Si on retient cette métrique comme un indicateur de crise sociale dans les pays européens, on constate que les pays de l'Est et du Sud se trouvent dans une situation particulièrement vulnérable (y compris l'Italie et l'Espagne), tandis que la situation française n'est pas franchement rassurante, notamment du fait

14 Les modèles du Fonds monétaire international (FMI) montrent qu'une augmentation de 1 % du prix des engrais (très dépendants du prix du gaz et de l'électricité) se traduit par une hausse de 0,45 % des produits alimentaires tandis qu'une augmentation de 1 % du prix du pétrole se traduit par une hausse de 0,2 % du prix des denrées alimentaires.

de l'importance bien connue de la précarité énergétique (ici seulement considérée du point de vue du logement en laissant de côté la précarité liée à la mobilité) mais aussi de celle de l'insécurité alimentaire, qui se situe à peu près au même niveau (autour de 6,5 % de la population). C'est d'autant plus vrai si on garde à l'esprit que la moyenne des indicateurs nationaux est de l'ordre du double de cet indicateur homogénéisé au niveau européen (autour de 12 % avant le choc de 2022).

De ces considérations empiriques sans doute encore imparfaites émergent un constat et une recommandation, pour les pays membres de l'UE et la France tout particulièrement.

Le constat est évident : les Européens ne sont pas immunisés, tant s'en faut, contre la précarité énergétique et l'insécurité alimentaire, qui sont le fait de problèmes structurels aggravés par des chocs externes dont tout laisse à penser qu'ils sont appelés à se prolonger et à se répéter dans un environnement global complexe où la seule certitude est la gravité des crises écologiques qui affectent directement les dimensions essentielles du bien-être humain (énergie, eau, alimentation), en France comme ailleurs.

La recommandation est d'éviter un contresens trop répandu : les plus défavorisés seraient les grands perdants des politiques de transition écologique et cette réalité sociale ne fera que s'aggraver à mesure que ces politiques vont monter en puissance.

C'est le double contresens qui a été commis dans l'analyse de la crise des « Gilets jaunes » : la transition énergie-climat ferait naître des inégalités sociales qui exaspèrent les citoyens. En réalité, comme pour la transition agricole, cette transition vient à peine de commencer : les inégalités sociales actuelles découlent du système économique existant et des politiques de non-transition agricole, alimentaire et énergétique. Il n'y a pas d'illustration plus claire du coût de la non-transition pour les pays européens que la poussée d'inflation entamée à l'automne 2021, qui est le produit de la dépendance au pétrole et au gaz des économies européennes et de la précarité énergétique et de l'insécurité alimentaire, la volatilité géopolitique se traduisant immédiatement par une vulnérabilité sociale.

Autrement dit, la non-transition écologique — c'est-à-dire la situation actuelle dans laquelle les crises écologiques s'aggravent sans trouver de réponse adéquate — est génératrice d'inégalités sociales qui touchent d'abord les plus démunis (c'est le cas, au-delà des enjeux évoqués dans ce chapitre, de la pollution de l'air, du retrait et gonflement des argiles sous l'impact de la crise climatique, etc.).

Le second contresens consiste à penser que les « Gilets jaunes » ont mis en lumière un « arbitrage » d'airain entre la « fin du mois » et la « fin du monde ». Or la pauvreté n'attend pas la fin du mois et ce qui est en jeu n'est pas la « fin du monde » mais l'épuisement de l'hospitalité de la planète Terre pour les humains les plus démunis. Dans les faits, les politiques de transition juste sont à la fois faisables, peu coûteuses et potentiellement acceptables par une majorité de citoyens et citoyennes pour peu que les pouvoirs publics décident de les mettre en œuvre et envisagent et corrigent leurs potentiels effets sociaux adverses [Laurent, 2023].

Il paraît en tout cas très difficile de comprendre le « retour de l'inflation » en Europe autrement que par le télescopage entre la dépendance aux énergies fossiles d'un côté et la précarité énergétique et l'insécurité alimentaire de l'autre, ce qui doit interroger quant aux remèdes monétaires mis en œuvre et envisagés pour la faire refluer. Il se pourrait qu'au XXIe siècle l'inflation devienne « partout et toujours » un phénomène social-écologique appelant en retour des politiques de transition juste.

Repères bibliographiques

Boardman B. (1991), *Fuel Poverty. From Cold Homes to Affordable Warmth*, Belhaven Press, Londres.

Commission européenne, Directorate-General for Energy, Bouzarovski S. *et al.* (2020), *Towards an Inclusive Energy Transition in the European Union. Confronting Energy Poverty Amidst a Global Crisis*, Publications Office of the European Union, Luxembourg.

Conseil national de l'alimentation (2022), « Prévenir et lutter contre la précarité alimentaire », *Avis*, n° 91, 19 octobre.

Drescher K. et Janzen B. (2021), « Determinants, persistence, and dynamics of energy poverty : an empirical assessment using German household survey data », *Energy Economics*, vol. 102.

Eurostat (2018). *Living conditions in Europe. 2018 Edition*, Publications Office of the European Union, Luxembourg.

FAO, « La faim et l'insécurité alimentaire », fao.org.

FMI (2022), *World Economic Outlook : Countering the Cost-of-Living Crisis*, Washington, DC.

Laurent E. (2011), « Pour une justice environnementale européenne : le cas de la précarité énergétique », *Revue de l'OFCE*, n° 120, p. 99-120.

— (2023), *Économie pour le XXIe siècle. Manuel des transitions justes*, La Découverte, « Grands Repères/Manuels », Paris.

Martiskainen M. *et al.* (2021), « New dimensions of vulnerability to energy and transport poverty », *Joule*, n° 5, p. 3-7.

Moore R. (2012), « Definitions of fuel poverty : implications for policy », *Energy Policy*, vol. 49, p. 19-26.

ONPE (2023), *Tableau de bord de la précarité énergétique. Édition 2d semestre 2022*, 16 mars.

IV / Les politiques économiques de lutte contre l'inflation en Europe

François Geerolf

Alors qu'elle semblait avoir définitivement disparu du vieux continent, l'inflation a fait son retour en Europe, avec un taux d'inflation annuel en zone euro à 7 % en avril 2023, et un pic à 10,6 % d'inflation en octobre 2022.

La lutte contre l'inflation est depuis devenue une priorité de la politique économique ; elle a amené les gouvernements européens à mobiliser des instruments inédits pour lutter contre elle. Boucliers tarifaires, taux réduits de TVA, plafonnement des prix du gaz pour les centrales électriques, bouclier loyer, abonnement transport mensuel subventionné, remise à la pompe, défiscalisation des primes de partage de la valeur, sans oublier la hausse des taux d'intérêt de la Banque centrale européenne (BCE) : la liste des mesures prises pour lutter contre l'inflation depuis le début de la guerre en Ukraine en février 2022 peut faire penser à un inventaire à la Prévert.

Ce chapitre propose de faire un tour d'Europe de ces politiques de lutte contre l'inflation externe comme interne, et d'en discuter la logique.

D'où vient l'inflation ?

Guerre en Ukraine, reprise postpandémique, politiques monétaires et budgétaires expansionnistes, les explications ne manquent pas pour rationaliser l'inflation actuelle. L'absence de diagnostic partagé est un premier obstacle à la politique économique : chacun de ces diagnostics peut en effet impliquer des mesures de politiques économiques qui sont différentes.

Graphique 1. **Contributions à l'inflation en zone euro**

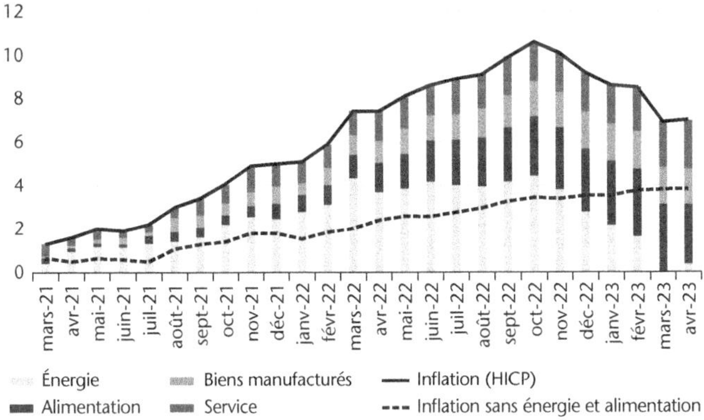

Source : Eurostat.

Une première analyse des composantes de l'inflation permet néanmoins d'écarter certaines théories. D'abord, à rebours d'explications qui feraient intervenir seulement la quantité de monnaie (en vertu de la théorie quantitative de la monnaie), il paraît indéniable que la hausse du prix de l'énergie et de l'alimentation a joué un grand rôle dans la montée de l'inflation en zone euro. Comme le montre le graphique 1, au maximum du pic d'inflation, en octobre 2022, la contribution de l'énergie à l'inflation était égale à environ 4,4 %, celle de l'alimentation était égale à environ 2,7 %, portant la contribution du total énergie et alimentation à environ 7,2 %. La contribution de l'inflation des autres composantes était donc d'environ 3,4 %[1]. Au contraire, les thèses selon lesquelles la politique monétaire trop expansionniste ou le « quoi qu'il en coûte » expliquent l'inflation se heurtent à une difficulté : pourquoi l'inflation s'est-elle déclenchée au moment de la reprise postpandémique, soit bien après que les politiques monétaires ont commencé à être expansionnistes et après le « quoi qu'il en coûte » mis en

1 L'inflation sous-jacente, qui exclut les prix soumis à l'intervention de l'État (électricité, gaz, tabac...) et les produits à prix volatils (produits pétroliers, produits frais, produits laitiers, viande, etc.), était, elle, égale à 5 %, et non à 3,4 %, pour une raison technique de construction des indices de prix, qui tient à la non-additivité des taux d'inflation.

Inflation externe contre inflation interne

Tandis que les manuels d'économie définissent en général l'inflation comme une « hausse généralisée des prix et des salaires », dans la pratique tous les prix et les salaires n'augmentent pas de la même manière, et il existe donc au moins autant de phénomènes inflationnistes que de composantes de l'indice des prix. Cependant, pour les besoins de l'analyse, il est utile de classer les phénomènes inflationnistes en deux grandes catégories : externe et interne.

D'un côté, l'inflation qu'on propose d'appeler « externe » correspond à une dégradation pour un pays des termes de l'échange, amenant à une hausse du prix des biens importés, ce qui contribue à diminuer le pouvoir d'achat du pays pris dans son ensemble, qui achète les biens dont le prix augmente (par exemple le pétrole) et s'appauvrit. C'est à ce genre d'inflation qu'on assiste d'abord depuis au moins octobre 2021 en Europe. L'inflation « interne » est d'un genre différent : celle-ci correspond à une hausse des prix et des salaires qui peut faire des gagnants (les vendeurs) aussi bien que des perdants (les acheteurs) dans le même pays, mais dont l'effet agrégé sur le pouvoir d'achat est nul en première approximation. Elle correspond à une baisse de la valeur de la monnaie en termes de biens et services. Cette inflation interne peut être par exemple occasionnée par une dévaluation forte du taux de change d'un pays, comme en France ou en Italie pendant les « trente glorieuses », pays à monnaie dite « faible » qui connaissaient alors des taux d'inflation très supérieurs aux pays à monnaie dite « forte » comme l'Allemagne, la Suisse ou le Japon. Pour certains économistes, on ne devrait en fait parler de phénomène inflationniste que dans ce dernier cas d'une inflation interne, dans la mesure où l'inflation externe ne correspond qu'à une hausse de certains prix relatifs, et pas d'autres. Cependant, la confusion s'est désormais imposée [Geerolf et Jacquet, 2022].

La différence entre inflation interne et inflation externe est essentielle, étant donné que les coûts de l'inflation externe sont considérablement plus importants que ceux de l'inflation interne : l'inflation externe correspond à une dégradation des termes de l'échange, donc à une perte de pouvoir d'achat à répartir. Les coûts de l'inflation interne sont bien moindres,

œuvre pendant la crise de la Covid-19 ? Le fait que l'inflation ait fortement accéléré avec la crise ukrainienne ne s'explique-t-il pas très simplement par l'effet de cette crise sur les prix de l'énergie et de l'alimentation ? D'autres facteurs comme les ruptures de chaînes d'approvisionnement dues aux mesures de confinement en Chine ont certainement joué un rôle, mais leur importance est difficilement quantifiable, du fait de leur caractère inédit.

Une première manière de lutter contre l'inflation consiste donc à lutter contre la hausse des prix de l'énergie, soit en réduisant le prélèvement extérieur (la hausse de la facture énergétique pour un pays qui est importateur net d'énergie), puisqu'il n'y a pas de perte de pouvoir d'achat du pays au niveau agrégé. Ces coûts, s'ils existent, sont en tout cas de second ordre : selon la théorie néokeynésienne, ils proviennent de la dispersion des prix relatifs, qui sont une forme d'inefficacité. Cependant, leur importance quantitative est plutôt faible en pratique, même avec une inflation à deux chiffres [Nakamura *et al.*, 2018][1].

La lutte contre ce type d'inflation correspond sans doute davantage à un équilibre politique, cherchant par exemple à protéger les retraites et certains groupes dont les revenus ou les actifs ne sont pas indexés contre une potentielle perte de pouvoir d'achat. Dans le contexte actuel de la zone euro, il convient de prendre cet objectif de lutte contre l'inflation comme une donnée, puisque la lutte contre l'inflation est un objectif qui est fixé dans le marbre des traités : une des missions principales de la BCE est de lutter contre l'inflation, avec un statut qui est proche de celui qu'avait autrefois la Bundesbank.

Au-delà des effets agrégés, les effets redistributifs de l'inflation externe sont également très différents de ceux de l'inflation interne : comme on le voit actuellement, l'inflation externe pèse plutôt sur les plus pauvres (en tout cas, avant de prendre en compte les mécanismes d'indexation), tandis que les effets de l'inflation interne sont plus ambigus (l'inflation interne peut par exemple favoriser les emprunteurs, ou bien les salariés quand cette inflation a une origine salariale). L'idée selon laquelle l'inflation touche davantage les plus pauvres est valide pour l'inflation externe, mais pas pour l'inflation interne.

Enfin, ces deux grandes catégories d'inflation « externe » ou « interne » ne prennent pas en compte toute la diversité des situations. D'un côté, l'inflation « interne » peut avoir des causes multiples : elle peut provenir initialement d'un emballement des salaires, des profits, des indexations du salaire minimum, qui entraînent ensuite les autres prix. D'un autre côté, l'inflation externe prend également des formes multiples, selon qu'elle touche davantage le pétrole, le gaz, l'électricité, l'alimentation, et les effets sur le pouvoir d'achat et sur la redistribution diffèrent.

1. Il est intéressant de voir les réactions suscitées par cet article lorsqu'il fut présenté par Emi Nakamura lors de la conférence annuelle de recherche de la Banque centrale européenne. Un intervenant a exprimé son scepticisme en rappelant l'épisode traumatisant de l'hyperinflation pour l'Allemagne.

soit en prenant en charge ce prélèvement extérieur *via* le déficit public. Ces politiques sont des politiques de lutte contre l'inflation externe. Un deuxième type de politiques consiste à se battre contre l'inflation interne : lutter contre la « boucle prix-salaires », contre le désancrage des anticipations, augmenter le chômage en réduisant la demande et jouer sur les indexations seront ensuite successivement discutés. L'encadré ci-dessus discute de la différence entre inflation externe et inflation interne, qui est essentielle. Les politiques de lutte contre l'inflation sont très différentes, selon qu'elles visent à lutter contre l'inflation externe ou contre l'inflation interne.

Réduire l'ampleur du prélèvement extérieur

Un premier type de politique qui cherche à lutter directement contre l'inflation externe tend à réduire le prélèvement extérieur. C'est sans ambiguïté le plus efficace, dans la mesure où il cherche à diminuer directement l'ampleur de la perte de pouvoir d'achat à répartir entre les agents économiques. Pourtant, ces politiques sont rarement discutées entre les économistes, car on part souvent du principe que le prélèvement extérieur est « exogène » à la politique économique, c'est-à-dire en dehors de son contrôle. Pourtant, il existe de nombreuses politiques qui permettent de limiter l'ampleur du prélèvement extérieur.

À cet égard, les politiques énergétiques sont bien sûr essentielles, même si, en Union européenne, elles restent largement du ressort des États. Sur le plan énergétique, la politique énergétique est en effet autonome en vertu de l'article 194 du traité sur le fonctionnement de l'Union européenne (TFUE) stipulant que chaque État membre est libre de « déterminer les conditions d'exploitation de ses ressources énergétiques, son choix entre différentes sources d'énergie et la structure générale de son approvisionnement énergétique ». Les États membres ont d'ailleurs connu des niveaux d'inflation énergétique très hétérogènes[2] en fonction de leurs situations particulières, qui dépendaient de leurs mix énergétiques [Geerolf *et al.*, 2022]. En fonction de ces mix énergétiques, les politiques de lutte contre l'inflation externe varient fortement, étant entendu que la dépendance aux prix du gaz et du pétrole en particulier y est plus ou moins forte. Afin de limiter leurs factures énergétiques, les Européens avaient à la fois des intérêts en commun (limiter davantage la consommation d'énergie, pour que le prix baisse en Europe) mais en même temps d'autres intérêts plus divergents. Sur le sujet énergétique par exemple, la politique espagnole de plafonner les prix du gaz pour limiter la hausse des prix de l'électricité (mécanisme ibérique) a été critiquée parce qu'elle menaçait potentiellement l'approvisionnement de l'Allemagne en gaz, en encourageant sa consommation en Espagne. La volonté de sécuriser des sources d'approvisionnement alternatives en gaz naturel liquéfié (GNL), pour substituer le gaz acheminé par

2 Néanmoins, il faut noter que cette hétérogénéité de l'inflation énergétique provient également de différences de méthodologie pour mesurer l'inflation entre les pays : par exemple, les Pays-Bas ne prennent en compte que les prix de l'énergie liés aux nouveaux contrats [Geerolf, 2023].

pipelines, a pu amener à une concurrence entre les nations européennes pour remplacer les sources d'énergie russes par des approvisionnements meilleur marché.

Les mesures de sobriété énergétique pour les ménages ou de « chasse au gaspillage » dans les entreprises consistant à économiser l'énergie sont efficaces même si elles impliquent que certains gisements d'économie n'étaient pas utilisés auparavant[3]. Ces politiques permettent de réduire l'inflation et le prélèvement extérieur, pour deux raisons : la consommation baisse, ce qui limite l'effet d'une hausse donnée des prix, et la baisse de la consommation peut contribuer à réduire la hausse des prix. La réduction de la vitesse maximale sur l'autoroute ou la mise en place de normes contraignantes sur le chauffage aurait pu également faire partie d'un arsenal qui n'a été mobilisé qu'en partie. De manière symétrique, les politiques de l'offre dans le secteur énergétique, comme la réouverture de capacités de production électrique, sont utiles pour réduire les volumes importés et leur prix (dans le cas des centrales à charbon en Allemagne, le coût écologique est néanmoins très important). Inversement, le peu de disponibilités du parc nucléaire français au moment où le prix de l'électricité était plus haut a contribué à alourdir la facture énergétique, tandis que le travail important consistant à le remettre en route très rapidement a pu contribuer à alléger la facture énergétique. En cela, le travail d'Électricité de France (EDF), de l'Autorité de sûreté nucléaire (ASN) et de Réseau de transport d'électricité (RTE) a participé à la lutte contre l'inflation externe.

Bien évidemment, la lutte contre l'inflation externe a été surdéterminée par des considérations géopolitiques, et par la priorité consistant à sanctionner la Russie, et à aider l'Ukraine dans son effort de guerre. Dans ce contexte, limiter l'ampleur du prélèvement extérieur que les sanctions économiques occasionnent permet de remplir deux objectifs simultanément : elle limite l'effet positif d'amélioration des termes de l'échange pour l'économie sanctionnée, en même temps qu'elle réduit l'effet négatif sur l'économie qui décide des sanctions. Dans ce contexte, certains économistes ont poussé pour la mise en place d'un embargo sur l'énergie russe externe par l'Europe (hydrocarbures

3 Les économistes sont en général réticents à faire cette hypothèse, car elle implique que le comportement des agents était auparavant sous-optimal. Pourtant, on observe empiriquement aussi bien du côté des ménages que de celui des entreprises que de telles économies d'énergie sont possibles [IEA, 2023].

et gaz), afin de tarir ses sources de financement, ce qui aurait abouti à un très fort renchérissement de ces énergies[4]. L'annonce d'un tel embargo, et son anticipation par les marchés *via* des comportements spéculatifs de stockage, a, comme on aurait pu s'y attendre, entraîné une très forte augmentation des prix : celle-ci a donc pu avoir un effet contraire à l'effet recherché, en aidant la Russie *via* des recettes d'exportation plus importantes, tout en augmentant l'ampleur du prélèvement extérieur pour les pays. Plutôt que d'annoncer une baisse de l'offre et d'espérer que la hausse des prix force la baisse de la demande *via* le signal prix, il eût été peut-être plus judicieux d'organiser préalablement la baisse de la demande *via* les mécanismes cités plus hauts, qui n'auraient pas alourdi la facture énergétique ni aidé la Russie.

Limiter la hausse des prix de l'énergie *via* l'outil budgétaire

Ces politiques de réduction du prélèvement extérieur une fois mises en œuvre, il peut rester néanmoins une part trop importante qui reste à la charge des ménages et des entreprises. Faire porter la hausse de la facture énergétique par l'État est une autre manière de limiter l'inflation énergétique, au prix d'un déficit budgétaire et d'un déficit extérieur qui se creusent. Ces politiques ont été mises en œuvre à des degrés divers dans nombre de pays européens : en France, une politique coûteuse de « bouclier tarifaire » ; en Espagne, des baisses de TVA sur les prix de l'énergie. Les obligations faites aux entreprises nationalisées de vendre leur énergie en dessous du prix du marché, qui ont été décidées dans de nombreux pays européens, entrent également dans cette catégorie. L'abonnement mensuel de transport subventionné, qu'on a par exemple vu en Allemagne, est une autre manière de soulager le poste « transports » dans le budget des ménages, même si, contrairement à la « remise carburant », il n'encourage pas des modes de transport individuels, très émetteurs en CO_2 (quoique le bilan carbone du rail soit probablement moins favorable en Allemagne qu'en France, car la production d'électricité y est moins décarbonée).

4 Une étude très commentée [Bachmann *et al.*, 2022] en Allemagne avait par exemple envisagé un embargo du gaz russe qui amènerait à une multiplication par 14 des prix de l'énergie, pour induire une baisse de 10 % des quantités consommées, et par 35 des prix du gaz (de 20 €/MWh à 700 €/MWh), pour aboutir à une baisse de 30 % de la consommation de gaz naturel [Geerolf, 2022].

Ces politiques de réduction du prix de l'énergie par la dépense publique ont un inconvénient majeur : un coût budgétaire potentiellement très important. C'est d'ailleurs à ce titre que beaucoup de ces politiques du type « bouclier tarifaire » ou encore « remise carburant » ont été très critiquées : selon leurs détracteurs, elles n'auraient pas suffisamment ciblé leurs bénéficiaires, et elles auraient dû davantage se focaliser sur les populations qui en avaient le plus besoin. Dans le même temps, les études ont fait apparaître que les déterminants de la consommation d'énergie étaient multiples et pas seulement liés au revenu, et qu'un tel ciblage aurait été difficile, surtout dans l'urgence. Jouer sur les prix présente un grand avantage : par construction, cela permet de soulager du poids de la hausse des prix énergétiques exactement ceux qui la subissent davantage. Ceci est également vrai pour les mesures de remise carburant comme pour les mesures de baisse de la TVA sur les produits de première nécessité.

Par ailleurs, la hausse de l'inflation externe et du prélèvement extérieur n'est pas seulement un choc d'offre qui a un effet sur le coût de production des entreprises, c'est aussi un choc de demande agrégée qui a un effet sur le budget des ménages, et donc sur leur demande. Les politiques économiques de lutte contre l'inflation externe sont ainsi une manière de limiter la baisse de la demande agrégée et du revenu disponible qui accompagne nécessairement les chocs alimentaires et énergétiques, qui portent de manière disproportionnée sur les ménages. Sans ces politiques, le revenu disponible des ménages serait amputé de manière substantielle, ce qui limiterait les dépenses sur d'autres biens. D'un côté, cela limiterait l'ampleur du déficit commercial qui accompagne le prélèvement extérieur, *via* une compression des importations, et cela aurait un effet stabilisant sur ce déficit. De l'autre, on assisterait très certainement à une augmentation du chômage, et du déficit budgétaire par cet effet keynésien. Il faut d'ailleurs noter que ces politiques budgétaires expansionnistes de lutte contre l'inflation externe se sont révélées très efficaces dans la lutte contre l'inflation, ce qui est inhabituel, dans la mesure où la politique budgétaire expansionniste est plutôt censée amener à une hausse de l'inflation, puisqu'elle produit une augmentation de la demande agrégée par rapport à l'offre agrégée.

Du point de vue de la microéconomie, ces politiques ont également été critiquées au motif qu'elles ne préservaient pas suffisamment le signal prix. En effet, la politique de lutte contre l'inflation *via* la baisse du coût de l'énergie n'encourage pas aux économies d'énergie et contribue par conséquent à alourdir la facture énergétique, et à augmenter le prélèvement extérieur (dans une logique inverse de celle de sobriété). Ainsi le modèle allemand est-il régulièrement cité comme l'exemple d'un modèle de vertu et de bonne gestion économique. Celui-ci prévoyait une subvention à hauteur de 80 % des consommations d'énergie de l'année passée, de sorte que les incitations à faire des économies d'énergie restaient intactes sur les derniers 20 % de la consommation : ceci permettait de concilier soutien au pouvoir d'achat (dans le cas des ménages) ou préservation du tissu économique (dans le cas des entreprises) et efficacité économique dans le sens d'une incitation intacte à réaliser des économies d'énergie, ce qui permettait de réduire fortement la facture énergétique. Il est vrai que, dans d'autres pays, et par exemple en France, les « boucliers tarifaires » ou les diminutions des impôts indirects sur les prix de l'énergie n'ont pas incité aux économies d'énergie. Cependant, il faut souligner que le dispositif allemand permettant de préserver le signal prix ne relève pas non plus de la solution miracle, dans la mesure où il a tendance à récompenser davantage ceux qui n'avaient pas jusqu'ici fait des économies d'énergie : il y a une forme d'« incohérence temporelle » dans ce genre de politiques, puisqu'il récompense les efforts immédiats, mais que l'anticipation qu'un tel dispositif pourrait être mis en place à l'avenir a au contraire tendance à décourager les efforts *ex ante*. Dans ces conditions, un tel dispositif ne pourrait pas être mis en œuvre de manière répétée, sauf à décourager les économies d'énergie volontaires. On le voit : il est très difficile de mettre en place des politiques publiques qui dominent toutes les autres ; toutes les politiques ont des avantages et des inconvénients.

Lutter contre la « boucle prix-salaires »

À côté des politiques de lutte contre l'inflation externe, il y a également les politiques de lutte contre l'inflation interne. Les deux types de politiques ne sont d'ailleurs pas indépendants. Une des raisons pour lesquelles certains pays, comme la France, ont cherché à limiter au maximum l'inflation externe *via* la dépense publique était de réduire le risque d'apparition d'une « boucle prix-salaires ». Selon cette théorie, une hausse des prix occasionne une hausse des salaires (un-pour-un, on parle alors d'« indexation unitaire »), qui peut entraîner des

Graphique 2. **Évolution des salaires réels en Europe**

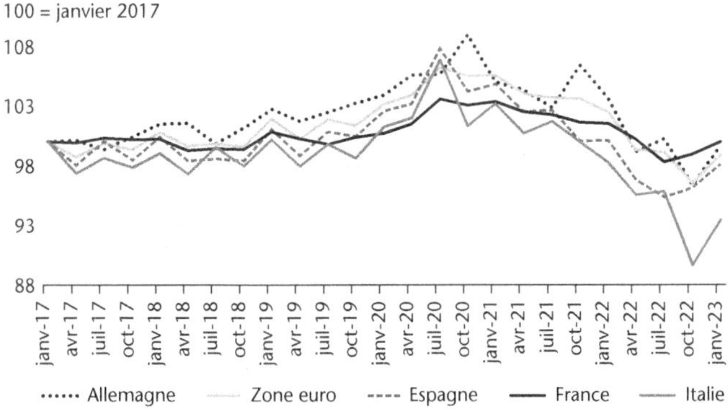

Source : Eurostat.

hausses de prix supplémentaires. Une alternative à la lutte contre l'inflation *via* des politiques comme le bouclier tarifaire aurait en effet été de faire des transferts plus importants aux ménages, comme cela a eu lieu par exemple en Allemagne, mais qui ne seraient pas apparus dans l'inflation[5]. La crainte d'une « boucle prix-salaires » a également poussé certains pays à encourager le versement de primes, comme la prime de partage de la valeur en France, qui revêtent un caractère exceptionnel, plutôt que des augmentations de salaires.

Pourtant, on a des raisons d'avoir des doutes au sujet de cette « boucle prix-salaires ». Empiriquement, l'inflation des salaires nominaux est partout en Europe très inférieure à celle des prix, avec pour conséquence que les salaires réels baissent (graphique 2). En d'autres termes, on n'a pas pour le moment observé d'indexation unitaire des salaires sur les prix : les salaires nominaux ont tendance à agir comme une force de rappel qui tendrait à ralentir l'inflation, plutôt que comme une force motrice de l'inflation.

5 Le critère pour savoir si une aide aux ménages apparaît dans l'inflation ou dans le revenu nominal des ménages dépend de son caractère universel, de son lien direct avec un acte d'achat, selon des critères qui varient en fonction des instituts statistiques nationaux : la décomposition entre inflation et revenu nominal revêt donc un caractère arbitraire [Geerolf, 2023].

Graphique 3. **Part des profits dans la valeur ajoutée**

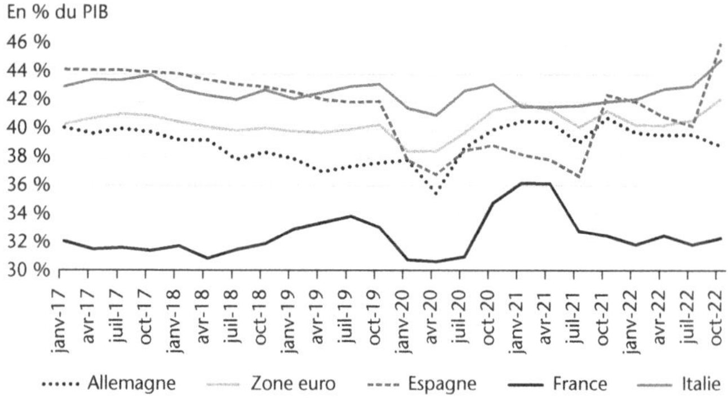

Source : Eurostat.

Les débats autour de la « boucle prix-profits », ou encore de la « boucle prix-prix », semblent d'ailleurs suggérer que les profits ont bien davantage été à la source de l'inflation que les salaires : dans de nombreux pays européens comme l'Espagne ou l'Italie, la part des profits dans la valeur ajoutée (mesurée comme celle de l'excédent d'exploitation et des revenus mixtes) a en effet augmenté (graphique 3), de sorte que l'épisode inflationniste s'est fait au détriment des salariés, et non en leur faveur, une évolution plutôt inattendue en période de difficultés économiques, et très différente de celle qu'on avait connue pendant les années 1970, où les marges des entreprises s'étaient fortement détériorées. Ceci a d'ailleurs ravivé les débats autour de la question d'une inflation tirée non par les salaires, mais par un conflit de répartition entre les acteurs économiques [Lorenzoni et Werning, 2023], qui avait été posée il y a longtemps, lors d'un épisode inflationniste précédent [Rowthorn, 1977].

Lutter contre un désancrage des anticipations d'inflation

Une autre crainte motive la lutte vigoureuse contre l'inflation en Europe : celle d'un désancrage possible des anticipations d'inflation. Depuis 1970 et l'épisode de la « stagflation », les anticipations d'inflation sont considérées comme ayant une grande importance pour le processus inflationniste. Selon cette

Graphique 4. **Anticipations d'inflation et prix du pétrole aux États-Unis**

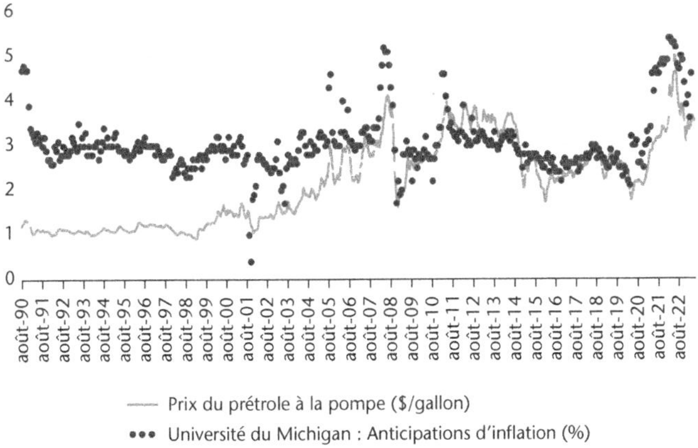

Source : Fred (codes GASREG, MICH).

vision de l'économie, l'inflation pourrait s'installer durablement en Europe si les agents économiques se mettaient à anticiper des taux d'inflation plus élevés et à les prendre en compte dans leurs décisions. Il serait alors beaucoup plus coûteux de diminuer l'inflation, une fois celle-ci installée. Cette crainte motive une action vigoureuse des banques centrales et un discours volontariste, garantissant le retour de l'inflation à sa cible dans un futur proche (« à temps[6] »).

Pourtant, cette crainte ne repose pas davantage sur des bases empiriques ni théoriques très solides [Rudd, 2022]. Dans la pratique des banques centrales, les anticipations d'inflation sont d'un intérêt limité pour prévoir : elles ont surtout permis d'expliquer l'épisode de « stagflation » dans les années 1970 [Tarullo, 2017]. Mais la stagflation coïncidait aussi avec un changement du régime de change aux États-Unis, avec la fin du système de Bretton Woods, qui pourrait expliquer l'apparition de la stagflation consécutivement à la dévaluation du dollar [Geerolf, 2019]. Inversement, les pays qui apprécient le plus

6 *In a timely manner* en anglais, expression utilisée par tous les membres de la Banque centrale européenne, par exemple par Christine Lagarde le 22 mars 2023.

leurs monnaies à cette époque sont ceux qui connaissent l'inflation la plus limitée (par exemple l'Allemagne). Plus généralement, on peut se demander, sur la base des études microéconomiques, dans quelle mesure les anticipations d'inflation déterminent réellement le comportement des agents, y compris des entreprises, dans la mesure où beaucoup d'entre elles n'ont aucune idée de l'inflation moyenne [Coibion *et al.*, 2018]. On note aussi que les ménages ne sont pas vraiment au fait des objectifs changeants de la banque centrale [Coibion *et al.*, 2023]. Empiriquement, il est intéressant de noter que les anticipations d'inflation suivent surtout les prix de l'essence à la pompe (graphique 4), ce qui n'est peut-être pas si étonnant, puisque ce prix varie fortement pour les ménages et d'une manière très visible ; on peut se demander par conséquent si les actions de la banque centrale ont vraiment une prise sur elles. Par ailleurs, comme on l'a déjà évoqué, les salariés ont déjà bien de la peine à négocier des hausses de salaires qui leur permettraient de rattraper l'inflation passée : On voit mal comment ils pourraient obtenir des augmentations de salaires anticipées en fonction de leurs anticipations subjectives...

Faire augmenter le chômage ?

L'épisode de la stagflation des années 1970 n'a pas seulement convaincu les banquiers centraux de l'importance des anticipations d'inflation, elle les a aussi persuadés que seule une politique très dure d'augmentation du chômage était à même d'endiguer l'inflation, pour venir à la fois à bout de l'inflation, selon la logique de la « courbe de Phillips », et de son anticipation par les agents. Ainsi Paul Volcker est-il souvent célébré pour avoir triomphé de l'inflation au début des années 1980 *via* une augmentation très forte du chômage, elle-même occasionnée par la politique monétaire très restrictive de la Réserve fédérale (Fed). En septembre 2022, le président de la Fed Jerome Powell a déclaré avoir « besoin d'une augmentation du chômage ». Celui-ci ajoutait également : « Pour faire baisser l'inflation, il faudra un ralentissement du marché du travail et une croissance sous le potentiel. [...] J'aimerais qu'il existe une méthode indolore pour y parvenir. Il n'y en a pas. » La question, depuis le début de l'épisode inflationniste en cours, est donc de savoir si une telle augmentation du chômage sera à nouveau nécessaire pour diminuer l'inflation, ou s'il sera possible de faire atterrir l'économie en douceur (*soft landing*), c'est-à-dire sans augmentation du chômage[7].

Là encore, comme dans le cas des anticipations d'inflation, on peut se demander si les bonnes leçons de cette période ont vraiment été tirées. Les États-Unis sont aussi venus à bout de l'inflation au début des années 1980 en l'exportant dans d'autres pays, *via* une appréciation très forte du dollar au début des années 1980, consécutive de la politique très restrictive de la Fed, qui avait alors miné la compétitivité américaine notamment par rapport au Japon et aux États-Unis (et abouti aux accords du Plaza). Ceci est d'autant plus vrai en Europe, où l'inflation actuelle n'est pas principalement causée par les salaires mais par les prix de l'énergie, et où on voit mal dans ces conséquences pourquoi une hausse du taux de chômage ou un ralentissement de l'économie seraient potentiellement un remède.

Jouer sur les indexations

Un dernier remède permettrait de lutter contre l'inflation interne : il consisterait à jouer sur les indexations. Ainsi la désindexation des salaires dans la plupart des pays avancés au tournant des années 1970-1980 avait-elle aussi eu pour effet de limiter l'incidence d'une potentielle « boucle prix-salaires » et de limiter l'inflation. Aujourd'hui, certaines indexations existent toujours, comme sur le salaire minimum, qui est indexé dans de nombreux pays européens avec des fréquences et des formules d'indexation variables. En dehors du salaire minimum, les différences nationales sont marquées, par exemple sur la fréquence des négociations salariales : certains pays négocient annuellement, d'autres tous les deux ans. La fréquence des négociations contractuelles a plus généralement un effet sur l'inflation : ceci explique par exemple pourquoi les hausses de prix alimentaires ont eu lieu plus tardivement dans certains pays comme la France.

Les indexations portent aussi sur certains biens et services, comme les loyers dans de nombreux pays, y compris en France (ou, de manière plus anecdotique, les péages autoroutiers en France). Là encore, la désindexation (comme la limitation de

7 Selon les dernières prévisions de l'OFCE (voir chapitre I) et du FMI, la récession serait écartée en 2023 en zone euro.

la hausse des loyers à 3,5 % par an en France) permet de lutter contre l'inflation interne, mais elle a surtout des conséquences distributives importantes en faisant porter les coûts de l'inflation sur certains groupes sociaux plutôt que sur d'autres (ici, les propriétaires plutôt que les locataires).

Tous ces exemples illustrent à quel point, au-delà de débats techniques entre économistes, ces questions autour de l'inflation et du pouvoir d'achat sont, *in fine*, fondamentalement politiques [Geerolf et Jacquet, 2022].

Repères bibliographiques

Bachmann R. *et al.* (2022), « What if ? The economic effects for Germany of a stop of energy imports from Russia », *EconPol Policy Reports*, n° 36, Ifo Institute/Leibniz Institute for Economic Research at the University of Munich.

Coibion O., Gorodnichenko Y., Knotek S. et Schoenle R. (2023), « Average inflation targeting and household expectations », *Journal of Political Economy : Macroeconomics*, à paraître.

Coibion O., Gorodnichenko Y. et Kumar S. (2018), « How do firms form their expectations ? New survey evidence », *American Economic Review*, vol. 108, n° 9, p. 2671-2713.

Geerolf F. (2019), « La courbe de Phillips n'est pas celle que vous croyez », *La Lettre du CEPII*, n° 417.

— (2022), « The "Baqaee-Farhi approach" and a Russian gas embargo », *Revue de l'OFCE*, n° 179, p. 141-163.

— (2023), « La politique économique en Europe face à l'inflation », *Cahiers français*, n° 432, mars.

Geerolf F. et Jacquet P. (2022), « Inflation et pouvoir d'achat : *it's the politics, stupid !* », *Relançons le débat économique*, juin.

Geerolf F., Timbeau X. et Allègre G. (2022), « Social impact of the war in Ukraine (SIWU) », OFCE/SIWU.

IEA (2023), *Gas Market Report, Q1-2023*.

Lorenzoni G. et Werning I. (2023), « Inflation is conflict », *Working* Paper, avril.

Nakamura E. *et al.* (2018), « The elusive costs of inflation : price dispersion during the U.S. Great Inflation », *Quarterly Journal of Economics*, vol. 133, n° 4, p. 1933-1980.

Rowthorn R. (1977), « Conflict, inflation and money », *Cambridge Journal of Economics*, vol. 1, p. 215-239.

Rudd J. (2022), « Why do we think that inflation expectations matter for inflation ? (And should we ?) », *Review of Keynesian Economics*, vol. 10, n° 1, p. 25-45.

Tarullo D. (2017), « Monetary policy without a working theory of inflation », *Working Paper*, n° 33, Brookings, Hutching Center.

V / Sécurité alimentaire et autonomie stratégique de l'Union européenne

Sandrine Levasseur

La pandémie de Covid-19 puis la guerre en Ukraine ont mis en lumière des dépendances de l'agriculture européenne insoupçonnées pour bon nombre de citoyens. Si l'Union européenne (UE) est largement autosuffisante dans la majeure partie des grandes productions agricoles (céréales et élevage), elle est aussi importatrice de certains produits dont la consommation alimentaire est très courante, voire quotidienne (fruits et légumes frais, miel, etc.). Les ruptures d'approvisionnement à l'été 2022 en huile de tournesol dont l'Ukraine et la Russie réalisent plus de 75 % des exportations au niveau mondial illustrent cette dépendance et ses conséquences, en termes de hausses de prix, lorsque la denrée vient à manquer. Toutefois, à quelques produits près, la diversité des pays fournisseurs (café et cacao), l'existence de produits de substitution (fruits et légumes, huiles) ou les possibilités de relocalisation de certaines productions tendent à relativiser la dépendance alimentaire de l'UE pour les biens de consommation finale. C'est bien plus la dépendance de l'agriculture de l'UE en termes d'intrants (fertilisants et protéines d'origine végétale) auprès de quelques pays fournisseurs qui pose de sérieux problèmes en termes d'autonomie stratégique. La transition écologique pose en outre des défis importants, le *Green Deal* ou Pacte vert européen imposant de nouvelles contraintes au secteur agricole de l'UE. Pour autant, l'impact du Pacte vert européen sur nos dépendances agricoles et alimentaires est encore à ce stade très incertain : s'il demande aux agriculteurs de l'UE de réduire leur usage de fertilisants et pesticides chimiques en vue de favoriser une agriculture plus durable, il se peut aussi que le nouveau modèle, davantage écologique, se traduise *in fine* par une baisse sensible des rendements et productions agricoles de l'UE. La dépendance actuelle de l'UE sur les intrants pourrait ainsi se déplacer, dans le futur, sur les produits de consommation finale.

Sécurité et souveraineté alimentaires, autonomie stratégique : de quoi parle-t-on ?

Sécurité et souveraineté alimentaires, bien que de plus en plus souvent utilisées de manière interchangeable, recouvrent des réalités conceptuelles pourtant différentes.

La sécurité alimentaire fait référence à la capacité d'un pays (ou d'une région telle que l'UE) à garantir une alimentation en *quantité*, *qualité* et *diversité* à sa population, et ce à un prix *abordable*. La sécurité alimentaire est un concept neutre en matière de relations de pouvoir, qui ne préjuge pas de la façon dont le pouvoir s'exerce tout le long de la chaîne alimentaire, dans le commerce international, au niveau de la propriété des moyens de production ou encore de l'accès à l'information [Gordillo et Mendez Jeronimo, 2013].

Le concept de souveraineté alimentaire s'enracine précisément dans le constat d'une asymétrie de pouvoir sur les différents marchés et dans les différentes sphères impliquées dans l'alimentation ainsi que dans les espaces de négociations commerciales multilatérales. C'est donc un concept avec une forte dimension politique. Reliée à la notion de souveraineté, l'autonomie stratégique définit la capacité d'un pays (ou d'une région telle que l'UE) à mettre en œuvre les moyens pour contrôler l'ensemble de la chaîne de production et de distribution. Les moyens s'entendent dans un sens large : ils peuvent tout aussi bien inclure la diversification des fournisseurs que les actions de recherche et développement (R&D) pour produire les actifs stratégiques et les politiques commerciales visant à relocaliser sur le territoire des productions auparavant réalisées à l'étranger. Implicitement, c'est un modèle d'agriculture moins intensive — voire extensive — qui est promu, avec des structures agricoles de taille plus modeste, des circuits plus courts liant production et distribution, des pratiques agricoles plus respectueuses de l'environnement, le modèle extrême en étant l'agroécologie [Gordillo et Mendez Jeronimo, 2013].

Explicitement, souveraineté alimentaire et autonomie stratégique font référence à la volonté de s'abstraire des problèmes de distorsion commerciale, de rareté et de volatilité des prix sur les marchés globalisés ou encore de menaces telles que guerre physique, cyberattaques, etc. Souveraineté alimentaire et autonomie stratégique contiennent en germe l'idée de protectionnisme (défensif ou offensif), voire d'autarcie.

Récemment, la rupture des chaînes d'approvisionnement a fait resurgir dans le discours public européen les notions de sécurité, de souveraineté et d'autonomie stratégique, mais assorties de quelques subtilités. Ainsi la Commission a-t-elle lancé en 2021 l'initiative européenne d'autonomie stratégique *ouverte*, oxymore visant à concilier les visions différenciées des États membres en matière commerciale, les pays du Nord voyant dans les échanges, y compris extra-UE, la raison d'être de l'UE et le gage de sa réussite, à l'opposé de pays du Sud plus favorables à la restauration d'une capacité de production européenne [Gatel et Quentin, 2021]. En outre, si le terme « sécurité alimentaire » est omniprésent dans les documents de l'UE, celui de « souveraineté » en est presque absent. Cela tient, en toute vraisemblance, à la forte connotation politique associée au terme « souveraineté » : l'UE serait alors obligée de choisir *un* modèle agricole, ce qu'elle a toujours refusé de faire malgré les avancées récentes du Pacte vert européen, admettant sur son territoire la coexistence de plusieurs modèles, allant de l'*agribusiness* à l'agroécologie [Patel, 2009 ; Gordillo et Mendez Jeronimo, 2013 ; Boix-Fayos et de Vente, 2023]. D'où la préférence dans les documents de l'UE pour une terminologie neutre, celle de sécurité alimentaire.

Cependant, au sein des instances politiques de l'UE, la question de la « sécurité » y est plus structurelle et imputable à plusieurs facteurs :

— la baisse tendancielle du poids de l'UE (et, concomitamment, la hausse de celui de la Chine) dans la demande mondiale de matières premières, de biens agricoles et alimentaires ;

— la raréfaction des ressources naturelles pouvant même aller jusqu'à l'épuisement de certaines d'entre elles à un horizon fini ;

— une altération des relations économiques et commerciales entre les États-Unis et l'UE depuis la présidence Trump qui, aujourd'hui, sous l'administration Biden, prend la forme de l'*Inflation Reduction Act*.

Au cours des dix dernières années, deux grandes dépendances en lien avec la sécurité alimentaire de l'UE ont fait l'objet, de manière récurrente, de rapports et communications : l'une est relative aux protéines d'origine végétale, l'autre aux fertilisants chimiques.

Une dépendance aux protéines végétales très marquée et ancienne

L'importation de fèves de soja et de leur produit dérivé, les tourteaux, constitue une des dépendances fortes de l'UE en matière agricole. C'est un problème ancien que l'UE, à ce jour, n'a pas réussi à résoudre.

Les tourteaux, soit les résidus solides de l'extraction d'huile des graines et fruits oléagineux, sont massivement utilisés comme supplément protéique dans l'alimentation animale. Le tourteau de soja, parce que le plus riche en protéines, est très prisé par les éleveurs : par unité de matière sèche, le soja contient 43 % de protéines contre 23 % pour le colza et 17 % pour le tournesol [de Visser *et al.*, 2014].

En 2021, l'UE a importé en termes nets un peu plus de 15 millions de tonnes de tourteaux de soja et autant de fèves, soit l'équivalent de 57 % et 87 % de sa consommation (tableau 1). Brésil et Argentine ont été les principaux fournisseurs de tourteaux de soja, avec une part dans les importations de l'UE de 43,5 % et 40 %, respectivement. Pour les fèves de soja, la part des importations en provenance du Brésil est encore plus impressionnante (57,5 %) tandis que celle en provenance des États-Unis a atteint 30 %.

Comparativement, les autres tourteaux font l'objet d'une demande moins forte : en 2021, les tourteaux de soja ont ainsi représenté 59 % des tourteaux consommés par le cheptel européen contre 26 % pour ceux de colza et 15 % pour ceux de tournesol (tableau 2). En outre, la dépendance de l'UE aux importations de tourteaux de tournesol est relativement limitée tandis que l'UE est exportatrice nette de tourteaux de colza. La dépendance de l'UE aux protéines végétales est donc avant tout une dépendance au soja et à son dérivé de tourteau.

Les viandes porcines et volaillères sont particulièrement friandes de soja : la production de 1 kg de leur viande nécessite respectivement 0,80 kg et 0,65 kg de soja contre 0,45 kg pour celle de bœuf ou encore 0,20 kg pour celle de mouton [Karlsson *et al.*, 2021].

La dépendance de l'UE aux importations de soja trouve ses racines dans les accords du GATT de 1962, qui ont consisté en la suppression des droits de douane sur les importations d'oléagineux en provenance des États-Unis : l'entrée du soja américain sur le marché européen a dès lors été massive. Ces accords, à remettre dans la perspective d'une politique agricole commune (PAC) en train de se construire, ont implicitement opéré un

Tableau 1. **Fèves et tourteaux de soja pour les besoins de l'UE en 2021**

Production de fèves de soja dans l'UE	1,2	million de tonnes
Importations nettes de fèves de soja par l'UE	11,7	millions de tonnes
Importations nettes de tourteaux de soja par l'UE	18,2	millions de tonnes
Part de la demande de l'UE satisfaite par les importations (nettes)		
Fèves de soja	85 %	
Tourteaux de soja	57 %	
Surfaces dédiées à la culture du soja		
Dans l'UE	448,6	milliers d'hectares
Hors UE* pour satisfaire les importations de :	15 783	milliers d'hectares
— fèves de soja de l'UE	3 670	milliers d'hectares
— tourteaux** de soja de l'UE	12 113	milliers d'hectares

* Évaluation au prorata du rendement à l'hectare dans les pays fournisseurs.
** Hypothèse de travail : 1 kg de fèves de soja permet d'obtenir 0,8 kg de tourteau de soja.

Sources : FAO ; calculs de l'auteur.

partage des productions entre l'Europe — qui s'est spécialisée dans la production des céréales — et les États-Unis — qui ont poursuivi leur spécialisation dans la production du soja et du maïs [Hache, 2015].

Par la suite, d'autres décisions politiques ont renforcé la dépendance européenne vis-à-vis du soja importé :

— les accords de Blair House en 1992, qui ont limité la surface agricole dédiée aux oléagineux au sein de l'UE à 5,13 millions d'hectares et ont conduit la même année, dans le cadre de la réforme de la PAC, à réduire les aides couplées ;

— la réforme de la PAC de 2003, qui a entériné le découplage des paiements directs aux agriculteurs. Dès lors, les aides agricoles devenant liées aux surfaces agricoles et non plus aux types de production, les agriculteurs ont délaissé les cultures de protéines végétales pour lesquels ils souffraient d'un manque de compétitivité relativement aux cultures céréalières [de Visser *et al.*, 2014].

La dépendance de l'UE aux importations de soja a des conséquences d'ordre économique mais aussi environnemental et éthique :

— du fait de la présence grandissante de deux acteurs sur le marché du soja (*i.e.* le Brésil pour les exports et la Chine

Tableau 2. **Demande et production de tourteaux par l'UE en 2021**

	Demande		Production		Part de la demande satisfaite par la production de l'UE
	Milliers de tonnes	en %	Milliers de tonnes	en %	
Total des tourteaux, dont :	**47 547**	**100 %**	**29 976**	**100 %**	**63 %**
— en soja	27 979	59 %	11 929	40 %	43 %
— en colza	12 292	26 %	12 426	41 %	101 %
— en tournesol	7 276	15 %	5 621	19 %	77 %

Source : Indexmundi d'après United States Department of Agriculture.

pour les imports), l'UE en est devenue un acteur mineur[1]. La Chine joue dorénavant le rôle de *price maker* sur le marché tandis que l'UE en est réduite à celui de *price taker*. En outre, les fluctuations de la production au Brésil ont un fort impact sur l'offre mondiale de soja, ce qui rend les importateurs vulnérables aux mauvaises récoltes du pays ;

— la déforestation des forêts sud-américaines (Amazonie et Cerrado) en vue de satisfaire une demande mondiale croissante en soja est un phénomène largement documenté [Fuchs *et al.*, 2020]. Sur la base des importations de l'UE en 2021 et des rendements observés chez ses pays fournisseurs, on estime à 13,4 millions d'hectares la superficie dédiée à la culture du soja hors UE pour satisfaire ses besoins, à comparer aux 940 000 hectares consacrés à la culture du soja sur son propre territoire (tableau 1). Conscients de la contribution de l'UE à la déforestation, le Conseil et le Parlement européens sont parvenus à un accord en 2022 (COM (2021) 706 final) interdisant d'importer dans l'UE certains produits de base et leurs dérivés dès lors que leur production résulte de surfaces *nouvellement* déboisées : le soja fait partie des produits ciblés, à côté de l'huile de palme, du bœuf, du bois, du café, du cacao et du caoutchouc[2] ;

1 En 2020, le Brésil a réalisé 44,7 % des exportations de soja au niveau mondial tandis que la Chine a représenté 58,5 % des imports, les chiffres correspondant pour 2000 étant respectivement 23,2 % et 20,1 %. La part de l'UE dans les importations mondiales de soja s'est élevée à 10,4 % en 2020, à comparer à une part de 31,2 % pour 2000.

2 L'accord, qui a été adopté en avril 2023, concerne aussi les produits issus de zones fraîchement déboisées au sein de l'UE.

— pour la culture du soja, le Brésil utilise des variétés d'organismes génétiquement modifiés (OGM) [Jerzak et Smiglak-Krajewska, 2020] ainsi que certains pesticides dont l'utilisation a été interdite aux agriculteurs sur le territoire de l'UE. Le cas le plus emblématique en la matière est celui du glyphosate, dont les conséquences sanitaires sur la population locale sont pourtant avérées [Fuchs *et al.*, 2020]. L'incapacité des autorités européennes à se départir d'un comportement aussi incohérent de prime abord trouve son origine dans la difficulté à expliquer aux citoyens de l'UE les conséquences écologiques de leur régime alimentaire carné, mais aussi dans les intérêts économiques en jeu pour les grandes multinationales originaires de l'UE, certaines d'entre elles étant très implantées en Amérique du Sud pour la fourniture de produits phytosanitaires.

D'un point de vue théorique, plusieurs options peuvent être envisagées afin de réduire la dépendance de l'UE aux importations de soja :

— l'augmentation des surfaces dédiées aux cultures oléo-protéagineuses et fourragères sur le territoire de l'UE, étant entendu que celles-ci offrent une rentabilité économique différente des cultures existantes et généralement plus faibles [Florou *et al.*, 2014] ;

— l'augmentation des rendements au travers d'améliorations techniques et variétales, sachant qu'un usage accru d'engrais et pesticides chimiques irait à l'encontre des objectifs du Pacte vert européen et que, au sein de l'UE, tous les climats ne sont pas compatibles avec la culture du soja et, plus généralement, des protéagineux [Nendel *et al.*, 2023] ;

— la substitution entre protéines animales dans l'alimentation humaine, étant entendu qu'une moindre consommation des viandes porcines et volaillères en faveur des viandes bovines se traduirait par une augmentation des émissions de méthane, s'inscrivant ainsi à l'encontre de l'objectif de réduction des gaz à effet de serre au sein de l'UE [Levasseur, 2023] ;

— la diminution des protéines animales dans l'alimentation humaine, étant entendu que la ration alimentaire peut demeurer équilibrée et variée tout en réduisant la consommation carnée [Karlsson *et al.*, 2021] ;

Plusieurs études [de Visser *et al.*, 2014 ; Debaecke *et al.*, 2022 ; Nendel *et al.*, 2023 ; Karlsson *et al.*, 2021, entre autres] ont évalué la faisabilité d'une ou plusieurs options listées ci-dessus. La conclusion qui émerge est qu'une réduction de la consommation de viande carnée est une condition *sine qua non* de la réduction des importations de soja et de ses produits dérivés.

La raison tient en partie au fait que, dans l'UE, la compétitivité des cultures oléo-protéagineuses et fourragères les plus à même de se substituer aux importations de soja est généralement moindre que celle du blé ou du maïs [de Visser *et al.*, 2014]. Seuls quelques pays ou régions de l'UE présentent d'assez bons rendements, mais encore inférieurs à ceux du Brésil, à l'exception de certaines régions italiennes et malgré le rattrapage notable de la Roumanie. Plus généralement, la culture du soja bénéficie d'un climat tempéré à chaud (entre 10 °C et 30 °C), sans forte pluie automnale [Nendel *et al.*, 2023]. Au sein de l'UE, ce sont donc surtout les pays du Sud-Est européen qui offrent des conditions propices à la culture du soja, même si, du fait du réchauffement climatique, sa culture devient possible dans les pays plus au nord de l'Europe [Nendel *et al.*, 2023]. À la lueur de la hausse escomptée des températures, des avancées en matière variétale et de la compétition pour l'usage des terres, il est cependant illusoire de penser qu'une grande partie des importations de soja de l'UE pourra être remplacée par une production « locale », la production réalisée extra-UE pour satisfaire les besoins de l'UE nécessitant actuellement l'équivalent de 25 % de la superficie de la France !

Une dépendance forte aux importations de fertilisants chimiques

Les fertilisants chimiques ou inorganiques constituent l'autre grande dépendance de l'agriculture européenne aux intrants importés, cette dépendance s'exerçant soit directement *via* l'importation des produits finis, soit indirectement *via* l'importation des matières premières nécessaires à leur production (minerais, roches et gaz naturel).

Cette dépendance porte sur les trois principaux nutriments indispensables à la croissance des plantes, à savoir l'azote, le phosphate et le potassium, encore appelés NPK d'après leur symbole chimique respectif. L'apport peut être organique (au travers d'excréments, etc.) ou inorganique (au travers de produits chimiques). Aujourd'hui, l'apport organique représente 40 % à 45 % des apports en nutriments, une part qui a décru au fil du temps au profit des apports inorganiques favorisés par les avancées technico-chimiques de l'après-Seconde Guerre mondiale.

Si l'on se concentre sur les engrais inorganiques, l'UE a importé, en moyenne annuelle sur la période 2019-2021, quelque

Tableau 3. **Imports de fertilisants par l'UE (moyenne annuelle 2019-2021)**

	Millions de tonnes	Quatre premiers fournisseurs de l'UE (% des importations en provenance de...)
N Azote	10,4	Russie (29 %), Égypte (17 %), Algérie (16 %), Trinidad (8 %)
P Phosphore	7,0	Maroc (37 %), Russie (21 %), Israël (13 %), Algérie (10 %)
K Potasse	3,2	Biélorussie (28 %), Russie (26 %), Canada (19 %), Israël (12 %)
Composés NPK	5,6	Russie (47 %), Maroc (23 %), Biélorussie (8 %), Norvège (7 %)
Total	**26,2**	**Russie (30 %), Maroc (20 %), Algérie (9 %), Égypte (9 %)**

Sources : Eurostat (COMEXT) ; calculs de l'auteur.

26,2 millions de tonnes de fertilisants, dont 10,4 millions en produits azotés, 7 millions en phosphate et roches reliées et 3,2 millions en potassium (tableau 3). C'est l'équivalent de, respectivement, 30 %, 68 % et 85 % de sa consommation en azote, phosphate et potassium. Pour des raisons de disponibilité des ressources et matières premières, les importations proviennent essentiellement d'une poignée de pays : quelques pays de la Communauté des États indépendants (Russie et Biélorussie en tête) et d'Afrique (Maroc, Algérie et Égypte en tête). Avant la guerre en Ukraine, la Russie représentait 30 % des importations de fertilisants de l'UE (tableau 3). L'invasion de l'Ukraine par la Russie a altéré ces flux d'échanges, mais sans pour autant les réduire à zéro, l'UE n'ayant pas banni l'entrée des fertilisants russes sur son territoire au nom de la « sécurité alimentaire globale » : au total, entre mars 2022 et janvier 2023, les exportations russes de fertilisants à destination de l'UE ont baissé de moitié.

La dépendance de l'UE aux importations de fertilisants n'est pas de même type et n'a pas les mêmes conséquences, selon que l'on considère l'azote, le phosphate ou le potassium :

— les engrais azotés (N) sont fabriqués à partir de l'ammoniac, obtenu par la combinaison de l'azote de l'air et de l'hydrogène provenant du gaz naturel. La dépendance s'exerce donc *via* le gaz naturel, avec un prix des engrais azotés fortement indexé sur celui du gaz puisque ce dernier représente 80 % du coût de production [Commission européenne, 2022a].

Les fournisseurs alternatifs à la Russie sont à chercher auprès des autres pays producteurs d'hydrocarbures, sachant que le gaz naturel lui-même est une ressource finie (à l'horizon de soixante à cent ans) et que les alternatives au gaz naturel pour produire des engrais azotés sont actuellement avant tout le charbon (utilisé en Chine, notamment). Le plan de développement de l'hydrogène au sein de l'UE (COM/2020/301) s'inscrit dans la volonté de gagner en autonomie stratégique tout en facilitant la transition écologique : l'électrolyse permet de produire de l'hydrogène de façon décarbonée[3] ;

— le phosphate (P) est le minerai extrait de roches phosphatées, une ressource non renouvelable dont l'épuisement, au rythme actuel d'exploitation, pourrait intervenir vers 2070 [USGS, 2023]. Depuis 2014, les roches phosphatées figurent sur la liste des matières premières *critiques* de la Commission européenne, définies comme « des matières premières pour lesquelles il existe un risque de pénurie d'approvisionnement élevé en raison, principalement, de la concentration d'une part importante de la production mondiale dans quelques pays », [éventuellement] « exacerbée par une faible capacité de substitution et des taux de recyclage bas ». Dans le cas des roches phosphatées, les réserves se trouvent à hauteur de 70 % au Maroc tandis que le taux de recyclage s'élève à 17 % [Commission européenne, 2020]. À noter que la liste des matières critiques, outre fournir un état des dépendances de l'UE, a aussi une visée politique puisqu'elle sert de base aux autorités européennes dans le cadre des négociations commerciales internationales ;

— le potassium (K) provient, comme le phosphate, de l'extraction minière. C'est une ressource plutôt abondante que l'on trouve dans un nombre assez important de pays. Le Canada possède un tiers des réserves minières, soit autant que la Russie et Biélorussie réunies [USGS, 2023]. Au sein de l'UE, l'Espagne et surtout l'Allemagne disposent de mines encore actives avec une production annuelle de 0,5 et 2,8 tonnes, respectivement, sur la période 2018-2020. Selon la Commission européenne, l'exploitation de nouveaux gisements dans ces deux pays, ainsi qu'en Tchéquie, devrait permettre d'augmenter la production de potassium au sein de l'UE de 25 % à l'horizon 2030 [Commission européenne, 2022b]. En outre, depuis l'invasion de l'Ukraine, les importations en provenance du Canada mais aussi d'Israël ont

3 L'inconvénient majeur de l'électrolyse est cependant sa forte consommation en énergie.

remplacé celles en provenance de la Russie et de la Biélorussie, un processus de substitution dont la Commission européenne encourage la pérennisation. Les questions stratégiques soulevées par le potassium ne sont donc ni du même type ni de la même importance que celles soulevées par les engrais azotés ou les roches phosphatées.

Avec la guerre en Ukraine, le prix des fertilisants — déjà élevé avant le début du conflit — a continué de croître. Selon les données de la Banque mondiale, le prix des engrais en avril 2023 était 1,2 fois supérieur à ce qu'il était au début de la pandémie de Covid-19, avec un pic atteint en avril 2022, lorsqu'il y était trois fois supérieur. Le conflit a eu un véritable effet accélérateur sur la volonté de développer le secteur des fertilisants au sein de l'UE dans le cadre de la politique d'autonomie stratégique ouverte, l'idée étant de réduire la dépendance vis-à-vis des pays autocrates (Russie et Biélorussie) mais aussi de stabiliser les prix. La demande d'engrais a en effet pour caractéristique d'être fortement élastique au prix [Commission européenne, 2022a]. En France, par exemple, les livraisons d'engrais azotés pour la campagne 2022-2023 ont baissé de 27,2 % par rapport à celles de la précédente campagne [Agreste, 2023]. La diminution est encore plus marquée pour les engrais phosphatés et les engrais potassiques (respectivement - 52,8 et - 59,2 %).

Un moindre recours aux engrais peut être perçu comme positif, puisqu'une utilisation trop intensive a aussi des effets négatifs — les plantes ne « consommant » que ce dont elles ont besoin, les fertilisants en excès sont évacués dans les eaux avec, à la clef, un phénomène d'eutrophisation qui asphyxie l'écosystème aquatique. *A contrario*, un recours insuffisant aux engrais fait peser le risque d'une baisse des rendements agricoles : les études comparant les rendements de l'agriculture conventionnelle et ceux de l'agriculture biologique montrent ainsi que les rendements en agriculture biologique sont, en moyenne, inférieurs de 25 % à ceux de l'agriculture conventionnelle et qu'ils sont aussi généralement plus volatils d'une année sur l'autre, faisant peser un risque d'instabilité des récoltes [Azarbad, 2022].

La question qui se pose est donc celle d'un usage *plus efficient* des fertilisants, notamment chimiques. Pierre angulaire du Pacte vert européen dans le secteur agricole, la stratégie « De la ferme à la fourchette » fixe entre autres objectifs de réduire de 50 % la perte en nutriments des sols à l'horizon 2030. Selon la Commission européenne, cet objectif devrait permettre de diminuer l'usage des engrais chimiques d'au moins 20 % au même horizon. Outre les effets bénéfiques de cet objectif sur l'environnement, c'est aussi la dépendance de l'UE aux importations d'engrais chimiques qui serait réduite d'autant. Dans ce nouveau contexte, plusieurs « outils » sont supposés aider au maintien des rendements agricoles à leur niveau actuel : un recours accru aux engrais organiques, l'introduction des légumineuses dans les systèmes de rotation des cultures, l'agriculture de précision (*i.e.* l'utilisation d'outils numériques et de drones pour optimiser l'apport nutritionnel des plantes), etc.

À ce jour, les études évaluant l'impact du Pacte vert européen sont cependant plutôt pessimistes quant à la capacité de l'agriculture de l'UE à maintenir les rendements et donc les productions agricoles aux niveaux actuels (voir Wesseler [2022] pour une revue de la littérature). Les effets combinés des objectifs — outre une moindre utilisation des fertilisants chimiques, le Pacte vert requiert de réduire l'usage des pesticides et antimicrobiens ainsi que d'augmenter les surfaces dédiées aux cultures biologiques et à la préservation des paysages — pourraient se traduire par une baisse des productions agricoles, dont la fourchette est, certes, large puisque pouvant aller jusque 50 %, mais plus raisonnablement comprise entre 10 % et 20 %. Sous certains scénarios, l'UE passerait même d'une situation d'exportatrice nette à importatrice nette, y compris pour ses productions de céréales et de bœuf. Si les résultats de ces études d'impact doivent être considérés avec prudence, ils montrent cependant la fragilité de la sécurité alimentaire de l'UE et la nécessité de modifier à la fois modes de production et modes de consommation afin de la rendre compatible avec les objectifs environnementaux de réduction des gaz à effet de serre.

Conclusion

La dépendance de l'UE vis-à-vis des importations de soja et de fertilisants chimiques pose des défis importants pour notre souveraineté alimentaire. Sur le front des engrais, l'invasion de l'Ukraine par la Russie a substantiellement accéléré la nécessité de trouver des solutions en vue d'accroître l'autonomie stratégique de l'UE. La mise en place d'un Observatoire des engrais, prévue courant 2023, devrait permettre d'avoir une vision mieux informée des besoins et disponibilité en intrants chimiques au sein de l'UE, les données nationales et encore plus régionales faisant cruellement défaut sur une base actualisée. Sur le front du soja, les avancées en matière de solutions visant à diminuer la dépendance de l'UE sont presque réduites à néant, et ce malgré la prise de conscience d'un « déficit en protéines végétales » que l'on peut faire remonter à la fin des années 2000. Il est vrai que les marges de manœuvre sont relativement limitées, à l'exception d'une réduction substantielle de la demande de tourteaux et donc de la demande de viandes porcines et volaillères. D'un point de vue politique, cette solution apparaît cependant difficile à mettre en avant pour l'instant eu égard aux conséquences économiques — certaines régions de l'UE étant spécialisées dans ces élevages — mais aussi culturelles. À ce titre, le contenu du « Plan Protéines de l'UE » qui devrait être présenté avant la fin de l'année 2023 sera riche en enseignement.

Repères bibliographiques

Agreste (2023), « Coût de production », *Informations rapides*, n° 17.

Azarbad H. (2022), « Conventional vs. organic agriculture : which one promotes better yields and microbial resilience in rapidly changing climates ? », *Frontiers in Microbiology*, vol. 13.

Boix-Fayos C. et Vente J. de (2023), « Challenges and potential pathways towards sustainable agriculture within the European Green Deal », *Agricultural Systems*, vol. 207, n° 103634.

Commission européenne (2020), « Résilience des matières premières critiques : la voie à suivre pour un renforcement de la sécurité et de la durabilité », COM (2020) 474.

— (2022a), « Ensuring availability and affordability of fertilisers », communication en ligne, novembre.

— (2022b), « Potash : impact assessment for supply security », *Science for Policy Brief*, Joint Research Center.

Debaecke P. *et al.* [2022], « Could domestic soybean production avoid Europe's protein imports in 2050? », *OCL Oilseeds and Fats Crops and Lipids*, n° 29, p. 38.

Florou-Paneri P. C. *et al.* (2014), « Alternative protein sources to soybean meal in pig diets », *Journal of Food, Agriculture & Environment*, vol. 12, n° 2, p. 655-660.

Fuchs R., Calum Brown C. et Rounsevell M. (2020), « Europe's Green Deal offshores, environmental damage to other nations », *Nature*, vol. 586.

Gatel M. et Quentin D. (2021), « L'autonomie stratégique de l'Union européenne », *Rapport d'information de la Commission des Affaires étrangères de l'Assemblée nationale*, 16 décembre.

Gordillo G. et Mendez Jeronimo O. (2013), « Food security and sovereignty », *FAO Issue Paper.*

Hache E. (2015), « Géopolitique des protéines », *Revue internationale et stratégique*, n° 97, p. 36-46.

Jerzak M. et Smiglak-Krajewska M. (2020), « Globalization of the market for vegetable protein feed and its impact on sustainable agricultural development and food security in EU countries illustrated by the example of Poland », *Sustainability*, vol. 12, n° 3.

Karlsson J. O. *et al.* (2021), « Halting European Union soybean feed imports favours ruminants over pigs and poultry », *Nature Food*, vol. 2, n° 1, p. 38-46.

LEVASSEUR S. (2023), « Le Green Deal dans l'agriculture (I) : quelques éléments de cadrage », *Blog de l'OFCE*, 26 janvier.

NENDEL C. *et al.* (2023), « Future area expansion outweighs increasing drought risk for soybean in Europe », *Global Change Biology*, vol. 29, n° 5, p. 1217-1419.

PATEL R. (2009), « Food sovereignty », *The Journal of Peasant Studies*, vol. 36, n° 3, p. 663-706.

USGS (2023), « Mineral commodity summaries 2023 », *U.S. Geological Survey*.

VISSER C. DE, SCHREUDER R. et STODDARD F. (2014), « The EU's dependence on soya bean import for the animal feed industry and potential for EU produced alternatives », *Oilseeds and Fats, Crops and Lipids (OCL)*, vol. 21, n° 4.

WESSELER J. (2022), « The EU's farm-to-fork strategy : an assessment from the perspective of agricultural economics », *Applied Economic Perspectives and Policy*, vol. 44, n° 4, p. 1826-1843.

VI / La politique commerciale comme arme diplomatique de l'Union européenne contre la Russie

Aya Elewa

Depuis l'invasion de l'Ukraine par la Russie en février 2022, le Conseil européen a adopté dix paquets de sanctions économiques vis-à-vis de la Russie.

Les sanctions économiques cherchent à entraver les relations commerciales et financières avec un pays en représailles de sa politique jugée préjudiciable. Les sanctions peuvent être globales, interdisant toute activité commerciale à l'égard d'un pays entier, ou elles peuvent être ciblées, bloquant les transactions par et avec des entreprises, des groupes ou des individus particuliers.

Les sanctions économiques européennes vis-à-vis de la Russie consistent en des restrictions à l'importation et à l'exportation de certains produits. Le choix des produits répond à l'objectif de maximiser les conséquences négatives des sanctions sur l'économie russe tout en limitant les effets sur les entreprises et les citoyens européens.

La liste des produits sanctionnés varie des biens de luxe jusqu'aux produits pétroliers. Concernant l'interdiction à l'exportation, la liste des produits comprend, entre autres, les biens à double usage, c'est-à-dire des biens susceptibles d'avoir une utilisation tant civile que militaire.

L'objet de ce chapitre est de résumer les sanctions imposées par l'Union européenne (UE) à la Russie en présentant l'état des échanges commerciaux bilatéraux avant de présenter une analyse de l'efficacité de ces restrictions une année après le début de la guerre.

Le processus des sanctions au sein de l'Union européenne

L'UE impose des sanctions (fréquemment appelées mesures restrictives) dans le cadre de sa politique étrangère et de sécurité commune (PESC). Comme l'UE ne possède pas de force militaire conjointe, de nombreux dirigeants européens considèrent les sanctions comme l'outil de politique étrangère le plus puissant à leur disposition. Les politiques de sanction doivent être votées à l'unanimité au sein du Conseil de l'Union européenne. Les décisions entrent en vigueur après leur publication dans le *Journal officiel* de l'UE.

Depuis sa création en 1992, l'UE a imposé des sanctions plus de trente fois (en plus de celles mandatées par l'Organisation des Nations unies). Les sanctions globales que l'UE a imposées à l'Iran en 2012 — qui ont été levées plus tard en 2015 dans le cadre de l'accord nucléaire — marquent un changement d'orientation pour l'UE, qui avait précédemment cherché à limiter les sanctions à des individus ou des entreprises spécifiques. Les États de l'UE peuvent également imposer des sanctions plus sévères de manière indépendante au sein de leur juridiction nationale.

L'évolution des mesures adoptées par l'Union européenne

Les sanctions adoptées à la suite de l'invasion de l'Ukraine par l'armée russe s'ajoutent aux mesures déjà adoptées depuis 2014 après l'annexion de la Crimée et de Sébastopol.

Ces mesures restrictives comprennent des sanctions individuelles, des sanctions économiques et des mesures diplomatiques.

Le premier paquet de sanctions a commencé, en février 2022, avec le gel des avoirs du président russe et la restriction de l'accès de la Russie aux marchés et services financiers de l'UE. Ensuite, les trains de sanctions se sont progressivement succédé, variant de l'interdiction de survol et de l'exclusion des banques russes du système SWIFT[1] à la suspension des activités de diffusion dans l'UE des médias russes. Dès mars 2022, l'UE a commencé à adopter des restrictions commerciales concernant le fer, l'acier et les produits de luxe. Le dixième et dernier paquet de sanctions adopté par l'UE remonte au 25 février 2023 (date

1 La Society for Worldwide Interbank Financial Telecommunication (SWIFT) assure le bon fonctionnement des paiements internationaux *via* des transferts interbancaires.

de l'anniversaire du déclenchement de la guerre). Ce paquet de sanctions comprend les interdictions suivantes :

— l'exportation de technologies critiques et de biens industriels ;
— l'importation d'asphaltes et de caoutchouc synthétique ;
— la fourniture aux Russes de capacités de stockage de gaz ;
— le transit par la Russie de biens et technologies à double usage exportés depuis l'UE.

Au total, depuis 2014, les sanctions de l'UE ont concerné 1 473 personnes, 205 entités et plus que 200 produits (NC4[2]).

Les sanctions visant des personnes consistent principalement en gel des avoirs monétaires et financiers et interdiction de voyager. Quant aux entités, les sanctions visent le gel des avoirs afin de bloquer le soutien au régime russe. Concernant les sanctions économiques, l'UE a imposé des restrictions liées à l'importation ainsi qu'à l'exportation de la Russie et le plafonnement de prix pour les produits pétroliers relevant du code NC 2710[3] originaires de la Russie.

Le pétrole constitue à peu près la moitié des revenus de la Russie [Caprile et Delivorias, 2023]. En juin 2022, l'UE a interdit l'importation du pétrole brut (à partir du 5 décembre 2022) et des produits pétroliers raffinés (à partir du 5 février 2023). Ensuite, en octobre 2022, le Conseil de l'UE a imposé un plafonnement des prix en ce qui concerne le transport maritime de pétrole russe à destination de pays tiers. Enfin, en décembre 2022, en coopération avec les pays du G7, l'UE a imposé un plafonnement du prix de pétrole russe à 60 dollars le baril. Ce plafonnement a pour but d'empêcher l'augmentation du prix mondial du pétrole et de réduire les revenus de la Russie, ce qui limite sa capacité de financer la guerre.

Ces restrictions excluent les produits destinés à la consommation, les produits liés à la santé, à l'industrie pharmaceutique, à l'alimentation et à l'agriculture, afin de ne pas nuire à la population russe.

---

2 La nomenclature combinée (NC) est un outil de classification des marchandises, mis en place pour répondre aux exigences du tarif douanier commun et des statistiques du commerce extérieur de l'UE. La NC se fonde sur la nomenclature du système harmonisé de l'Organisation mondiale des douanes (avec des subdivisions supplémentaires spécifiques à l'UE). Un numéro de code qui comporte un petit nombre de chiffres définit des produits par grandes catégories ; quand on ajoute des chiffres au numéro de code, on veut désigner des subdivisions correspondant à une définition plus détaillée.

3 Cette catégorie comprend les produits suivants : huiles de pétrole ou de minéraux bitumineux, autres que les huiles brutes contenant en poids 70 % ou plus d'huiles de pétrole ou de minéraux bitumineux et dont ces huiles constituent l'élément de base ; déchets d'huiles.

Quels impacts pour ces sanctions ?

Le graphique 1 illustre l'évolution de la valeur des échanges de l'UE avec la Russie durant la dernière décennie. Il est clair que la balance commerciale de l'UE avec la Russie est toujours déficitaire étant donné que les importations excèdent les exportations.

Selon la Commission européenne, depuis février 2022, les restrictions touchent les importations de biens russes pour une valeur de 91,2 milliards d'euros et les exportations des biens vers la Russie pour une valeur de 43,9 milliards d'euros. Ainsi qu'en atteste le graphique 1, cela n'aura donc pas été suffisant pour réduire le déficit commercial de l'UE vis-à-vis de la Russie. La hausse des prix des produits énergétiques dans le courant de l'année 2022 y est pour beaucoup.

Le graphique 2 montre l'évolution des importations de gaz naturel (liquéfié et à l'état gazeux) des vingt-sept pays de l'UE en valeur et en volume. On peut constater que le volume d'importation a diminué en 2022, mais la hausse du prix des produits énergétiques a conduit à la hausse de leur valeur.

Certes, l'impact de ces sanctions n'aura sans doute pas été identique pour tous les États membres. Cela dépend en effet du volume des échanges commerciaux de chaque pays avec la Russie. Les données n'étant pas disponibles pour l'année 2022 au moment de la rédaction de ce chapitre, les analyses qui suivent s'appuieront sur celles de 2021, comme base de la part prise par la Russie dans les échanges avec l'UE.

Le graphique 3 présente la valeur des importations et des exportations en 2021 pour les vingt-sept pays membres de l'UE. À l'exception de l'Autriche, l'Allemagne, l'Irlande, la Suède et la Slovénie, tous les pays européens sont en déficit commercial vis-à-vis de la Russie. La valeur des échanges varie fortement d'un pays à l'autre. On constate que l'Allemagne, les Pays-Bas, l'Italie, la Pologne et la France constituent les cinq partenaires commerciaux les plus importants de la Russie au sein de l'UE (du point de vue de la valeur des exportations et importations). Les sanctions sont donc censées avoir l'impact le plus élevé pour leurs économies.

Si on prend en compte la valeur des échanges des pays de l'UE (somme des exportations et importations) avec la Russie en pourcentage de leur PIB, le graphique 4 montre que les pays baltes — Estonie, Lituanie et Lettonie — sont les pays les plus dépendants de la Russie en 2021.

Graphique 1. **Évolution des échanges de l'UE avec la Russie, 2010-2022**

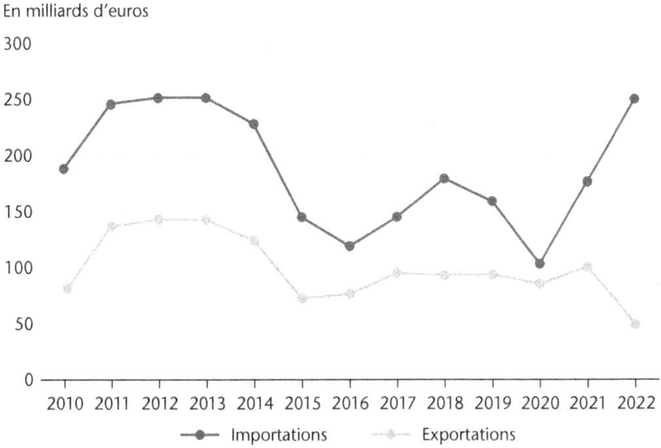

Source : Eurostat.

Graphique 2. **L'évolution des importations du gaz naturel de la Russie**

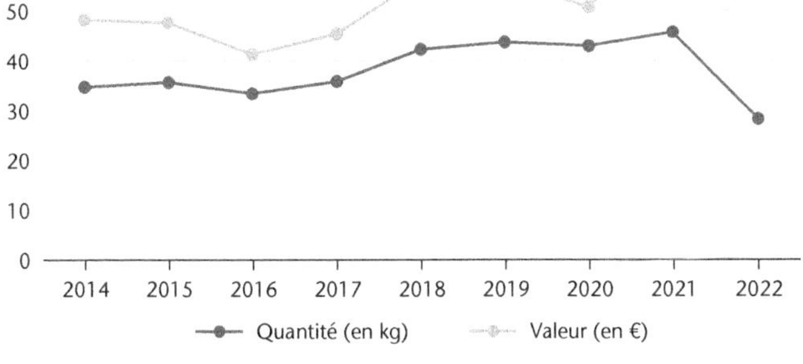

Sources : Eurostat ; calculs de l'auteur.

Graphique 3. **Les échanges commerciaux de l'UE avec la Russie en 2021 (par pays)**

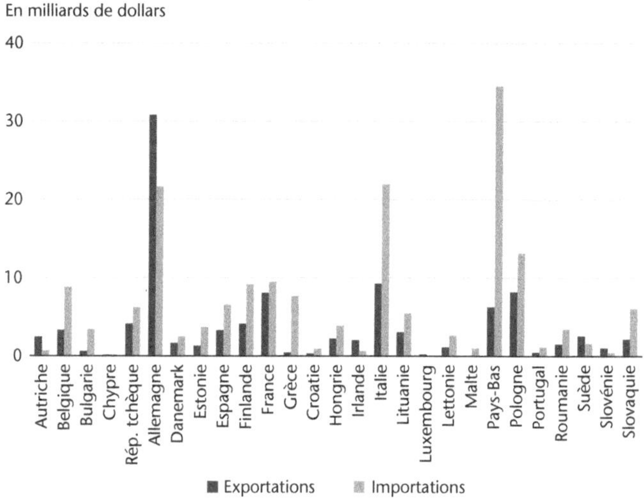

Sources : CEPII ; calculs de l'auteur.

Le panier des produits sanctionnés et leur importance dans les échanges

Le graphique 5 illustre l'évolution des importations et des exportations au cours de la dernière décennie entre la Russie et l'UE. On constate que la valeur des échanges de l'UE avec la Russie a baissé de 38 % au cours de la dernière décennie. En 2021, les importations en provenance de la Russie représentent 2,8 % des importations totales de l'UE (toutes origines confondues). Cette proportion était de 4,6 % en 2011. Quant aux exportations vers la Russie, elles sont passées de 2,6 % en 2011 à 1,6 % en 2021.

Le panier des produits sanctionnés par l'UE est assez varié. Pour les importations, la liste des produits comprend, entre autres, le charbon, le bois et les produits pétroliers.

Dans le but d'affecter directement les élites russes, l'UE a interdit l'exportation des produits de luxe depuis son territoire. De plus, la liste des sanctions inclut des biens pour lesquels l'économie russe est fortement dépendante à l'égard de l'UE

Graphique 4. **Les échanges commerciaux de l'UE avec la Russie en 2021 (par pays)**

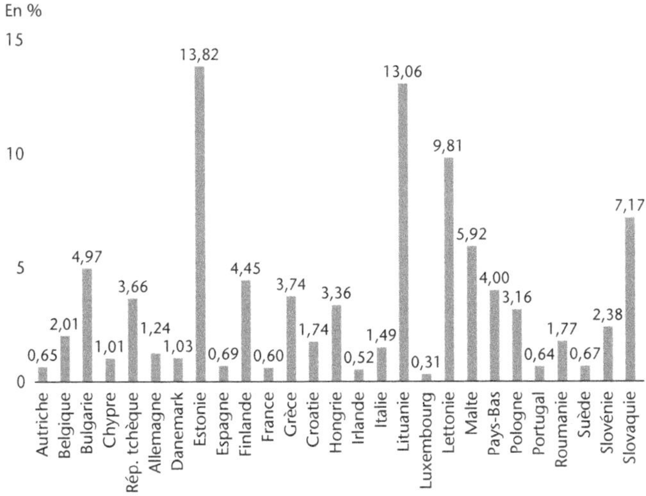

Sources : CEPII ; calculs de l'auteur.

Graphique 5. **La part de la Russie dans les échanges de l'UE**

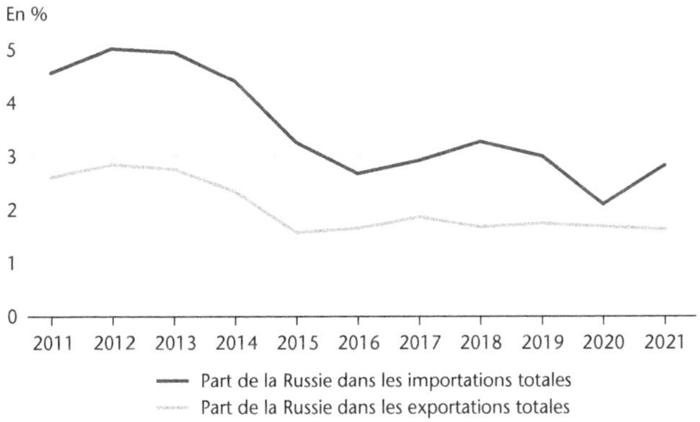

Sources : CEPII ; calculs de l'auteur.

comme l'informatique quantique, les semi-conducteurs avancés, les machines sensibles, les équipements de transport et des substances chimiques. Cela inclut également les catalyseurs spécialisés destinés à être utilisés dans le secteur du raffinage. Les biens technologiques à double usage qui peuvent être utilisés pour des fins militaires sont aussi interdits à l'exportation.

On constate que ces restrictions touchent 32 % des produits (SH6[4]) en provenance de la Russie en 2021. Cette part diffère d'un pays à l'autre, variant de 47,6 % en Grèce à 32,7 % à Malte (graphique 6).

En termes de valeur, on peut constater que ces restrictions affectent 66,5 % de la valeur totale des importations de l'UE en provenance de la Russie en 2021.

Si on regarde les exportations, on trouve que 50 % des vingt premiers produits (HS6) exportés vers la Russie sont actuellement sous sanction. Parmi ces produits, on trouve : les avions, les parties utilisées dans les réacteurs nucléaires et les appareils de commutation et de routage. De même, on constate que ces restrictions affectent 35 % des produits (HS6) exportés vers la Russie et 47,8 % de la valeur des exportations.

Le graphique 7 présente la répartition des produits sanctionnés à l'exportation à travers les pays de l'UE. On trouve que Malte, le Luxembourg et la Slovaquie sont les pays les plus affectés par ces restrictions imposées aux exportations. Le panier des biens exportés vers la Russie est assez différent entre ces pays, allant des huiles essentielles aux appareils électriques et produits chimiques.

En termes de dépendance vis-à-vis des importations en provenance de la Russie, la moyenne (simple) de la part de marché de la Russie pour les cinquante premiers produits sous sanction est de 26 %. Le graphique 8 présente la part de marché de la Russie dans les importations des dix premiers produits SH6 (classés selon la valeur des importations en 2021). On peut remarquer que la plupart de ces produits sont des matières primaires nécessaires à l'utilisation dans d'autres industries. La part de marché de la Russie pour les produits d'huiles de pétrole excède les 20 %. Elle est d'environ 49 % pour les produits en fer ou en acier et de 30 % pour les bois plaqués.

4 Le Système harmonisé (SH) établi par l'Organisation mondiale des douanes utilise des numéros de code pour définir les produits. Un numéro de code qui comporte un petit nombre de chiffres définit des produits par grandes catégories ; quand on ajoute des chiffres au numéro de code, on veut désigner des subdivisions correspondant à une définition plus détaillée.

Graphique 6. **Proportion des produits sanctionnés à l'importation de la Russie en 2021 (par pays)**

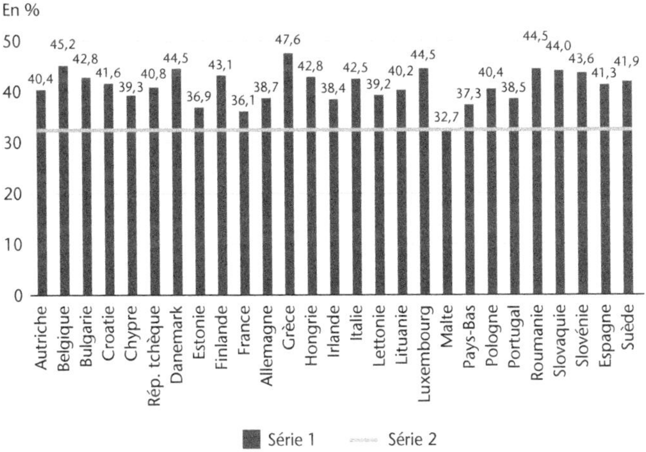

Sources : CEPII ; calculs de l'auteur.

Graphique 7. **Proportion des produits (SH6) sanctionnés à l'exportation de la Russie en 2021 (par pays)**

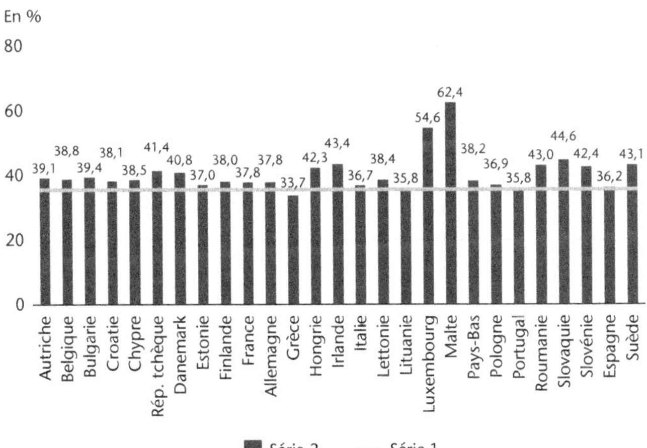

Sources : CEPII ; calculs de l'auteur.

Graphique 8. **Part de la Russie dans les importations de l'UE de produits (SH6) couverts par les sanctions en 2021**

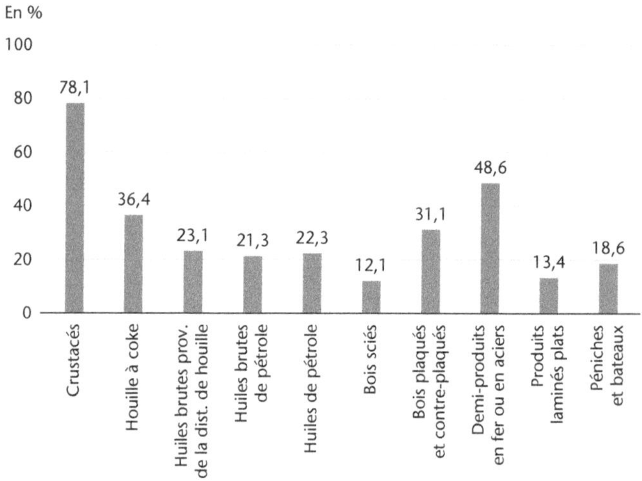

Sources : CEPII ; calculs de l'auteur.

Un an après la guerre, que peut-on dire de l'efficacité des sanctions ?

La Russie est un partenaire commercial important de l'UE. En 2021, la Russie est le quatrième partenaire de l'UE en termes d'importations, après la Chine, les États-Unis et le Royaume-Uni. Elle occupe la cinquième place en termes d'exportations, suivant les États-Unis, le Royaume-Uni, la Chine et la Suisse. De même, l'Europe est un marché dominant des exportations d'énergie de la Russie, avec des parts de marché de 96,5 % pour les huiles légères brutes, 45 % pour les huiles brutes de pétrole et 67,5 % pour le gaz naturel liquéfié.

Le graphique 9 illustre la part de marché de la Russie pour les dix premiers produits qu'elle exporte vers l'UE. On remarque que quatre de ces dix produits sont soumis à des restrictions d'importations. De plus, 50 % des dix premiers produits, en termes de valeur, importés de la Russie sont des produits énergétiques (huiles de pétrole brutes et non brutes, gaz naturel, gaz de pétrole et houille à coke).

Graphique 9. **Part du marché de la Russie pour les dix premiers produits (SH6) en 2021**

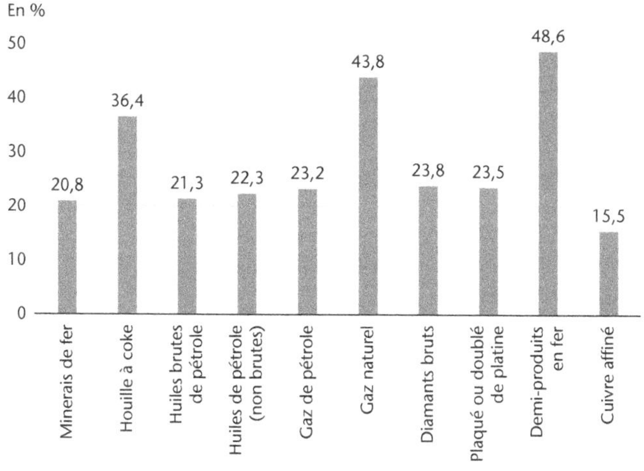

Sources : CEPII ; calculs de l'auteur.

La Russie est considérée comme l'un des plus importants fournisseurs mondiaux d'énergie et de produits de première nécessité comme les céréales. C'est pourquoi il est difficile d'isoler un tel acteur clé du commerce mondial. Dans une telle situation, une coopération internationale renforcée est exigée afin que les sanctions atteignent leurs objectifs.

Étant donné que les restrictions imposées par l'UE comportaient des délais de mise en œuvre des interdictions des importations et/ou des exportations de certains produits, notamment pour les contrats conclus avant une date fixée par la Commission européenne, on ne peut pas, pour le moment, évaluer précisément comment l'UE a substitué l'approvisionnement des produits russes. De même, une partie des sanctions sur les importations n'est entrée en vigueur qu'à la fin de l'année 2022, voire au début de l'année 2023.

Il est important de noter qu'il est difficile d'évaluer l'impact des sanctions sur l'économie russe, car l'État russe bloque l'accès du public aux statistiques économiques [Starostina, 2022].

Pour autant, et compte tenu des informations disponibles, l'impact sur l'économie russe n'a pas été aussi fort qu'attendu par les Occidentaux. En avril 2022, après que les sanctions économiques ont été adoptées par plusieurs pays, le Fonds monétaire international (FMI) a prévu une baisse de 8 % du PIB russe. Cependant, quelques mois plus tard, ces chiffres ont été révisés à la hausse, estimant un impact beaucoup plus faible que prévu initialement. De même, les estimations actuelles de la croissance du PIB réel russe indiquent une contraction économique plus modérée que prévu en Russie en 2022 (estimée à – 2,2 % contre – 3,4 % prévus), suivie d'une croissance légèrement positive en 2023.

Les restrictions des exportations ont fortement affecté le secteur manufacturier russe, notamment les secteurs suivants : équipements de transport, produits chimiques, produits alimentaires et services dans le secteur de l'information et de la technologie [Demertzis *et al.*, 2022].

De plus, même avec le plafonnement des prix du pétrole décidé par les pays du G7, les volumes d'exportation de pétrole brut russe ne devraient pas être affectés de manière significative. En effet, les exportations russes ont été redirigées des pays sanctionnant vers les pays n'ayant pas déclenché de sanctions à l'encontre de la Russie.

Les données de douanes montrent que la Russie a ainsi pu rediriger les exportations de pétrole brut vers des marchés alternatifs tels que l'Inde, la Chine et la Turquie [Babina *et al.*, 2023]. Cependant, ces pays achètent actuellement le pétrole russe avec des remises importantes. L'interdiction totale d'achat du pétrole russe (à l'exception de celui livré par oléoduc) à partir du 5 février 2023 donnera sans doute plus de leviers aux nouveaux importateurs pour négocier le prix, ce qui baissera les revenus fiscaux de la Russie.

Il est désormais anticipé que la hausse des importations de pétrole russe par la Chine et l'Inde viendra compenser les effets de ces sanctions, grâce également à la dédollarisation de l'économie décidée par le gouvernement russe [Alcidi *et al.*, 2023]. Après l'exclusion des banques russes du système SWIFT, la Russie a rencontré des problèmes pour payer ses importations et pour recevoir le paiement de ses exportations. Afin de surmonter ce problème, la Russie a exigé le paiement en roubles pour les achats de gaz [Demertzis et Papadia, 2022). De plus, elle commence à se reporter vers le yuan chinois dans ses échanges internationaux [Bhusari et Nikoladze, 2023].

Selon les chiffres officiels indiens, en décembre 2022, les importations totales de l'Inde en provenance de Russie ont augmenté de plus de 380 % par rapport à décembre 2021. De même, les chiffres chinois indiquent une augmentation de 44 % des importations en provenance de la Chine.

Conclusion

Les sanctions économiques adoptées par l'UE vis-à-vis de la Russie avaient pour but de limiter les capacités productives de l'économie russe et ainsi de freiner les capacités de financer la guerre.

Même si l'impact immédiat de ces sanctions n'est pas à la hauteur attendue, elles ont nui à l'économie russe. À titre d'exemple, le rouble a chuté d'environ 15 % à 20 % en décembre 2022[5] en raison de l'embargo sur le pétrole et du prix plafond appliqué. De même, les prévisions d'avant-guerre de la croissance en Russie étaient de 3 %. C'est pourquoi la baisse du PIB russe (–2,2 %) en 2022 reflète un écart de 5 % par rapport aux prévisions.

Cela ne signifie toutefois pas que l'économie russe ne souffrira pas à moyen et à long terme. La sortie volontaire (sous la pression de l'opinion publique) d'un grand nombre d'entreprises occidentales, l'embargo sur le pétrole russe et l'incapacité de la Russie à trouver d'autres marchés avec le même prix causeront sans doute de graves dommages à l'économie russe

Repères bibliographiques

Alcidi C., Shamsfakhr F. et Postica D. (2023), « How successful have Western sanctions against Russia actually been ? », *CEPS Explainer*, 23 février.

Babina T. *et al.* (2023), « Assessing the impact of international sanctions on Russian oil exports », 23 février.

Bhusari M. et Nikoladze M. (2023), « Russia and China have been teaming up to reduce reliance on the dollar. Here's how it's going », *New Atlanticis*, 22 février.

Caprile A. et Delivorias A. (2023), « EU sanctions on Russia : overview, impact, challenges », European Parliamentary Research Service.

Demertzis M. et Papadia F. (2022), « A sanctions counter measure : gas payments to Russia in rubles », Bruegel.

Demertzis M. *et al.* (2022), « How have sanctions impacted Russia ? », *Policy Contribution*, n° 18, Bruegel.

FMI (2023), « Mise à jour des Perspectives de l'économie mondiale : inflation au sommet et croissance en berne ».

Starostina Y. (2022), « Secret economy : what hiding the stats does for Russia », *Carnegie Politika*, 1er juillet.

5 Il est important de noter que, au moment de la rédaction du chapitre en juin 2023, le rouble a retrouvé son niveau d'avant-guerre.

VII / L'emploi des séniors en Europe

Gilles Le Garrec et Vincent Touzé

Le vieillissement de la population a mis sous pression les systèmes de retraite en Europe [Gannon *et al.*, 2022]. Outre des mesures visant à réduire le degré de générosité des pensions ou à augmenter les taux de cotisation, de nombreuses réformes ont cherché à retarder l'âge de la retraite en s'appuyant sur différents dispositifs, qu'ils relèvent de l'incitation (majoration/minoration en fonction de la durée, par exemple) ou de l'obligation (hausse de l'âge minimal d'ouverture des droits). Il s'est ensuivi une activité prolongée des travailleurs séniors dans tous les pays européens. Bien qu'il existe de nombreux facteurs nationaux spécifiques, une tendance croissante s'observe, entre les principaux pays de l'ouest de l'Union européenne (UE), entre le poids des plus de 65 ans et l'âge effectif moyen de sortie du marché du travail (graphique 1).

Le recul de l'âge de la retraite pose un défi majeur de maintien dans l'emploi des séniors. Toute réforme des systèmes de retraite nécessite alors d'être accompagnée par des politiques actives de l'emploi.

Dans ce chapitre, nous observons d'abord que les marchés européens du travail affichent des performances différenciées en termes de taux d'emploi des séniors. Toutefois, on note globalement un rattrapage : les pays qui affichaient un important retard au début des années 2000 sont aussi ceux qui ont connu les plus fortes hausses par la suite. Ensuite, nous détaillons les spécificités liées à l'âge des travailleurs séniors. Si l'expérience acquise au cours des années favorise l'employabilité, une obsolescence du capital humain conjuguée à une usure de l'état de santé peut être préjudiciable au maintien ou au retour dans l'emploi, pour des questions d'aptitude au poste ou de pénibilité

Graphique 1. **Âge moyen de sortie du marché du travail (retraite) *versus* poids de la population âgée de plus de 65 ans en 2019**

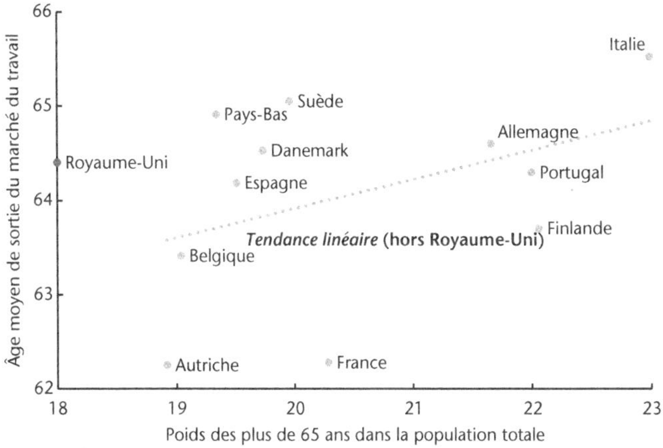

Note : année 2016 pour le Royaume-Uni.

Sources : *Ageing Report* (2018 et 2021).

accrue, sans compter que des dispositifs institutionnels ont pu faciliter des retraits anticipés du marché du travail. Enfin, nous regardons comment ces différentes dimensions ont pu être prises en compte, dans le cadre de stratégies nationales, pour adapter le marché du travail.

Taux d'emploi des séniors : constat

Sur la période 2000-2021, le taux d'emploi des séniors a globalement augmenté (graphique 2). Plus particulièrement, celui des femmes reflète principalement la tendance longue d'une participation accrue d'une génération à l'autre. Quant aux hommes, cette élévation relève essentiellement de l'effet des réformes des retraites qui ont conduit partout à un durcissement des conditions de liquidation et une élévation progressive de l'âge de la retraite.

Une comparaison entre pays de l'évolution des taux d'emploi des hommes séniors entre 2000 et 2021 permet de distinguer deux groupes de pays. Les pays avec des taux d'emploi historiquement élevés ont maintenu leur performance avec un taux

Graphique 2. **Taux d'emploi (55-64 ans) en Europe : variation des taux entre 2000 et 2021 par rapport à ceux observés en 2000**

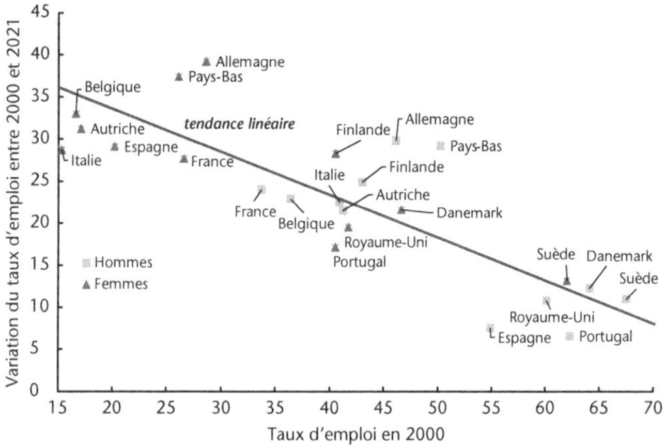

Source : Eurostat.

Graphique 3. **Taux d'emploi des jeunes *versus* taux d'emploi des séniors en 2021**

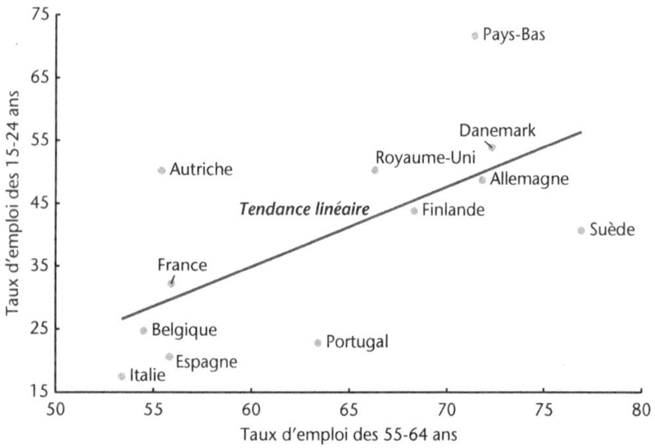

Source : Eurostat.

Tableau 1. **Taux d'emploi des 55-64 ans en 2021**

En %

	Total	Hommes	Femmes	55-59 ans	60-64 ans	Qualification	
						basse	haute
Belgique	54,5	59,3	49,6	70,8	36,7	34,0	72,5
Danemark	72,3	76,4	68,2	81,1	62,1	58,1	79,6
Allemagne	71,8	75,9	67,8	81,0	61,1	56,1	81,6
Espagne	55,8	62,5	49,3	65,2	45,0	44,9	71,1
France	55,9	57,7	54,3	75,1	35,5	41,4	70,3
Italie	53,4	63,4	44,0	65,3	39,5	39,9	81,7
Pays-Bas	71,4	79,4	63,5	79,4	62,6	59,7	79,5
Autriche	55,4	62,7	48,3	76,1	30,9	38,4	72,2
Portugal	63,4	68,9	58,6	74,9	51,0	56,3	85,4
Finlande	68,3	67,9	68,8	79,4	56,9	51,4	77,8
Suède	76,9	78,5	75,2	84,6	68,0	57,9	84,7

Source : Eurostat.

de variation proche de 10 points de pourcentage. Les pays historiquement moins performants ont connu des hausses du taux d'emploi des séniors très importantes et très nettement supérieures à 20 points de pourcentage. Dans le premier groupe se trouvent le Danemark, la Suède, la Grèce, le Portugal et l'Espagne. Enfin, dans les pays ayant connu une hausse importante sur la période considérée se trouvent la Belgique, l'Allemagne, la France, l'Italie, les Pays-Bas, l'Autriche et la Finlande.

La comparaison des taux d'emploi des femmes séniores en 2000 fait également apparaître quatre groupes distincts. En premier, la Suède se démarque de façon très nette de l'ensemble des pays avec un taux d'emploi très élevé (62 %) et proche de celui des hommes (68 %). Un deuxième groupe de pays se distingue avec un taux d'emploi relativement élevé par rapport aux autres (autour de 45 %) : Danemark, Portugal et Finlande (et aussi le Royaume-Uni, ex-membre de l'UE). Un troisième groupe composé de l'Allemagne, de la France et des Pays-Bas présente une moindre performance (entre 25 % et 30 %). Le dernier groupe est celui des pays qui présentaient le retard le plus important en termes de taux d'emploi féminin des séniors (entre 15 % et 20 %) : l'Espagne, l'Italie, la Belgique et l'Autriche. De façon similaire, les pays ont connu une hausse du taux d'emploi des femmes séniores d'autant plus élevée entre 2000 et 2021 qu'il présentait initialement un retard important.

Une caractéristique intéressante à observer entre pays européens est qu'un taux d'emploi élevé des séniors ne semble pas concurrent de celui des plus jeunes (graphique 3). Cette propriété peut signifier que c'est la performance du marché du travail qui prime globalement, et ce quel que soit l'âge. Une autre caractéristique concerne le taux d'emploi des plus qualifiés, qui est nettement plus élevé que celui des moins qualifiés. On notera que la disparité européenne est d'autant plus forte qu'elle se situe parmi les moins qualifiés : la différence entre les Pays-Bas (59,7 %) et la Belgique (34 %) atteint ainsi plus de 25 points de pourcentage alors que, chez les plus qualifiés, l'écart ne dépasse pas 15 points (entre le Portugal, 85,4 %, et la France, 70,3 %).

Depuis vingt ans, le taux d'emploi des séniors a bien augmenté, ce qui traduit un schéma de convergence : les pays les plus en retard s'alignent progressivement sur les niveaux des pays les plus avancés. Toutefois, si cette convergence semble se faire par une harmonisation des taux d'emploi des 55-59 ans, ce n'est pas encore le cas sur la classe d'âge 60-64 ans (tableau 1), en particulier pour la France, la Belgique et l'Italie, pays parmi lesquels on observe un taux d'emploi des 60-64 ans inférieur à 40 %. Ce n'est également pas le cas pour les femmes séniores, en particulier en Belgique, Autriche, Italie et Espagne.

Problématique spécifique liée à l'emploi des séniors

Maintenir dans l'emploi les séniors plus longtemps soulève une problématique particulière liée à l'âge. Cette problématique est multidimensionnelle tout en sachant qu'il y a des effets contradictoires. Il est important de distinguer entre ce qui peut rendre la « tâche » plus difficile pour les séniors ainsi que ce qui peut les encourager à sortir précocement du marché du travail, d'une part, et ce qui les protège pour se maintenir dans l'emploi ou renforce leur capacité productive, d'autre part.

L'employabilité du travailleur sénior peut devenir plus difficile dès lors qu'est observée une trop grande déconnexion entre salaire et productivité, que cette productivité soit effective ou perçue. La productivité du travailleur sénior peut présenter des spécificités liées à l'accumulation de capital humain et à l'âge [Becker, 1962]. Cette dernière peut être sensible à l'état de santé, à l'évolution des compétences et au degré de motivation du travailleur sénior.

Tout d'abord, l'état de santé physique et mental peut se « dégrader » avec l'âge, ce qui favorise une fréquence plus élevée des arrêts de travail, de l'absentéisme, un risque plus fort d'accidents en cas d'exposition à des risques professionnels. Cet état de santé est aussi dépendant de l'environnement professionnel, faisant apparaître la notion de pénibilité. En particulier, la nature « pénible » du travail concerne tous les âges de la vie. Qu'elle soit physique ou psychologique, la pénibilité peut avoir un effet cumulatif dès lors qu'elle participe à une dégradation permanente de l'état santé (voir encadré).

Ensuite, l'évolution des compétences dépend de deux facteurs contradictoires : l'expérience acquise avec l'âge et les formations professionnelles favorisent la productivité alors que l'obsolescence de la formation initiale conjuguée à une perte en capacité physique, voire cognitive peut faire apparaître une baisse de la productivité potentielle du travailleur.

Les caractéristiques du poste de travail tant du point de vue des conditions matérielles que de la nature contractuelle peuvent également influencer. Même si l'environnement professionnel ne varie pas avec l'âge, des conditions difficiles peuvent être perçues comme plus pénibles avec l'âge.

En revanche, la nature du contrat de travail peut être plus ou moins protectrice. En général, les séniors peuvent acquérir une protection accrue liée à leur ancienneté. Cette dernière peut notamment rendre plus coûteux les licenciements. Vus sous cet angle, les travailleurs séniors peuvent être considérés comme des *insiders* par rapport aux travailleurs plus jeunes considérés alors comme des *outsiders*.

L'implication d'un travailleur est aussi très dépendante du schéma d'incitation à rester efficace tout au long de sa vie professionnelle. Selon la théorie économique néoclassique, le salarié est supposé être rémunéré à sa productivité marginale. Si le salarié âgé est mieux rémunéré, c'est donc qu'il est plus productif, et donc que l'effet positif de l'expérience l'emporte sur l'effet d'usure lié à l'âge. Pour Lazear [1979] néanmoins, un profil de salaire croissant est compatible avec une productivité non croissante avec l'âge. Une optique contractuelle efficiente de long terme justifie de rémunérer le jeune salarié en dessous de sa productivité, pour ensuite disposer d'une plus grande capacité d'incitation salariale pendant toute sa carrière afin de favoriser son implication et sa fidélité dans l'emploi.

En contrepartie, un travailleur sénior qui perd son travail peut rencontrer une difficulté accrue de retrouver un emploi

La pénibilité en question

La pénibilité physique d'un poste de travail peut être évaluée par l'exposition à des vibrations, au bruit, à des substances chimiques, par le fait d'avoir à porter des charges lourdes, d'être régulièrement dans des positions qui peuvent entraîner des douleurs, de travailler la nuit… La pénibilité d'un poste, qui pourra entraîner une usure précoce du travailleur, peut aussi être évaluée par sa dimension sociale, liée à différentes sortes de discrimination, de harcèlement ou de management inadéquat ou toxique. La pénibilité est ainsi un phénomène multifacteur qu'il est donc difficile d'appréhender. Elle diffère bien sûr en fonction des postes de travail et des secteurs d'activité. Comme le montrent les enquêtes européennes sur les conditions de travail, elle peut également différer en fonction des pays. Certains pays seraient ainsi caractérisés par des conditions de travail plus dégradées que d'autres. Sur la base des nombreuses questions qui ont été posées aux travailleurs, différents indices ont été construits pour définir les différentes dimensions de la qualité d'un emploi ainsi qu'un indice synthétique d'emploi « en tension » (tableau 2). À partir de ces indices, Murtin *et al.* [2022] ont montré que la motivation au travail, la santé mentale ainsi que la santé physique étaient très significativement influencées par la qualité des emplois. Sans surprise, santé physique et motivation sont négativement touchées par des environnements physiques exigeants. Cette étude souligne également l'importance de l'environnement social. L'indice caractérisant le degré de harcèlement et des discriminations est le premier facteur expliquant santé et motivation dégradées. À l'inverse, le soutien obtenu soit de ses collègues soit du manager permet de maintenir santé et motivation.

dans les mêmes conditions (nature du poste, protection contractuelle et montant du salaire), voire d'accepter un emploi moins intéressant dès lors que l'assurance chômage lui offre une protection financière suffisante.

La comparaison des taux de chômage par classe d'âge montre une disparité (tableau 2). Parmi les pays étudiés se distinguent ceux avec un faible taux de chômage des 60-64 ans (inférieur à 6 %) : la Belgique, le Danemark, l'Allemagne, les Pays-Bas et l'Autriche. À l'opposé se situe l'Espagne, avec un taux de chômage notablement très élevé (13,3 %). Entre ces deux groupes se trouvent des pays avec un niveau de taux de chômage intermédiaire (entre 6 % et 8,6 %) : la France, l'Italie, le Portugal et la Finlande. Les séniors actifs ne semblent pas en moyenne plus impactés, à l'exception de la Finlande pour laquelle le taux de chômage des 60-64 ans excède de 2 points les niveaux observés en moyenne pour les autres classes d'âge.

Toutefois, le taux de chômage de longue durée montre clairement que, dans tous les pays étudiés, les chômeurs séniors y sont en proportion beaucoup plus exposés. Cette durée plus

Tableau 2. **Marché du travail : chômage et conditions de travail en 2021**

	Taux de chômage (en %)			Taux de chômage de longue durée (supérieur à 1 an) (en % du nombre de chômeurs)			Conditions de travail : emploi « en tension » (en %)
	25-54 ans	55-59 ans	60-64 ans	25-54 ans	55-59 ans	60-64 ans	
Belgique	5,5	4,2	5,6	46,2	58,9	61,3	34,5
Danemark	4,2	3,7	4,5	25,4	32,0	34,0	22,1
Allemagne	3,3	2,8	3,5	32,8	47,6	49,4	24,1
Espagne	13,5	13,5	13,3	40,7	60,6	65,4	29,0
France	6,8	6,0	6,9	31,7	49,5	53,1	39,0
Italie	9,2	5,5	5,6	59,5	62,9	65,0	33,8
Pays-Bas	3,1	2,9	3,7	23,5	45,0	44,5	22,8
Autriche	5,8	5,3	4,9	31,7	53,1	58,4	23,3
Portugal	5,7	4,6	6,3	46,6	61,0	62,7	24,7
Finlande	6,4	6,6	8,6	37,6	50,6	56,3	31,4
Suède	7,0	6,9	6,7	25,9	41,2	47,1	26,9

Sources : Eurostat et EWCTS (2021).

longue reflète simultanément une plus grande difficulté à retrouver un emploi ou à accepter un poste de travail à des conditions suffisamment intéressantes pour un sénior au chômage.

Au-delà du schéma de rémunération, la motivation est également très dépendante de la pénibilité, du mode d'organisation et de la qualité des relations interindividuelles (voir encadré). L'enquête européenne sur les conditions de travail de 2021 permet la construction d'un indice synthétique des emplois dit « en tension ». Selon la méthode définie par Bakker [2007], un emploi est dit « en tension » lorsque le nombre d'exigences (éléments négatifs) est supérieur au nombre de ressources (éléments positifs). Le tableau 2 fait apparaître une différenciation européenne de cet indice. On peut distinguer quatre groupes : sous la barre des 25 % d'employés ayant un emploi « en tension » (Danemark, Allemagne, Pays-Bas, Autriche et Portugal) ; entre 25 % et 30 % (Suède et Espagne) ; entre 30 % et 35 % (Espagne et Portugal) et au-dessus de 35 % (France). Pour ce qui concerne la qualité des conditions de travail spécifiques aux séniors, l'enquête de 2015 montrait qu'il y avait peu de différence dans l'appréciation des emplois en tension par rapport aux autres travailleurs, à l'exception de la Suède avec des séniors très nettement moins exposés.

Maintenir les séniors dans l'emploi : un défi pour les politiques publiques

Au niveau européen, la question de l'emploi des séniors dans un contexte de vieillissement de la population est un sujet de préoccupation de longue date. À la suite de l'agenda de Lisbonne de 2000, qui s'était fixé comme objectif « une amélioration quantitative et qualitative de l'emploi et une plus grande cohésion sociale », le Conseil européen avait fait émerger, en 2001 puis en 2007, plus spécifiquement un consensus d'atteindre un taux d'emploi de 50 % pour les 55-64 ans (contre 36,9 % en 2000) et de 60 % pour les femmes (contre 53,7 % en 2000), ainsi que d'introduire une plus grande flexisécurité dans les marchés du travail (voir *infra*). Cet agenda s'est poursuivi avec la stratégie « Europe 2020 » à partir de 2011. Force est de constater que cet agenda commun a été respecté au sein des pays étudiés : les pays plus en retard en termes de taux d'emploi des séniors sont aussi ceux qui ont connu les plus fortes hausses au cours des vingt dernières années.

Barangé [2009] rappelle que la flexisécurité repose sur trois éléments centraux :

— le degré de souplesse et de sécurisation des contrats de travail : pour la Commission européenne, le contrat permanent doit être une référence et il faut être vigilant à la segmentation du marché du travail qui voit, d'un côté, des *outsiders* en précarité d'emploi avec des contrats ultra-flexibles faire face, de l'autre côté, à des *insiders* bénéficiant de contrats très sécurisés. L'égalité de traitement devrait être un principe à respecter ;

— l'apprentissage tout au long de la vie, et en particulier pour les séniors ;

— un système de protection sociale protecteur et incitatif pour rester dans l'emploi.

Le Danemark a été pionnier pour mettre en place un système de flexisécurité. L'agence danoise pour l'emploi en a fait une sorte de devise pour vanter son modèle social : « Le modèle danois, connu sous le nom de "modèle de flexisécurité", combine une mobilité élevée entre les emplois avec un filet de sécurité global pour les chômeurs et une politique active du marché du travail. »

Il est utile de rappeler qu'une cause centrale dans la hausse de l'emploi des séniors a été le durcissement des conditions pour partir à la retraite. Par exemple, en Italie, la loi Fornero de 2011 a accéléré le rythme de recul de l'âge de départ à la retraite. Un peu avant, en 2010, en France, la réforme Woerth a notamment décalé l'âge d'ouverture des droits de 60 à 62 ans, puis la réforme Borne de 2023 a poursuivi pour porter cet âge à 64 ans en 2030. La Suède avait réussi sa réforme des retraites en 1999 tout en maintenant son âge minimal à 61 ans. Cet âge a été porté à 62 ans à partir du 1er janvier 2020 et il atteindra progressivement 64 ans en 2026. L'Allemagne n'est pas en reste : suivant la réforme de 2007 [Börsch-Supan, 2017], l'âge de la retraite sans décote a progressivement été porté de 65 ans à 67 ans en 2023. Comme beaucoup de pays, l'Allemagne a également réduit les dispositifs de départ anticipé à la retraite. Börsch-Supan [2017] souligne aussi le rôle central en Allemagne des loi Hartz de 2001 qui ont réduit la durée d'indemnisation du chômage, forçant *de facto* les chômeurs a accentué leur intensité de recherche d'emploi.

Puisque les seniors sont contraints de passer plus de temps en activité, il est devenu central dans tous les pays européens de les maintenir dans l'emploi.

Guillemard [2021] met en avant l'exemple de la Finlande qui a été pionnière pour instaurer dès 1998 un plan national quinquennal pour l'emploi des plus de 45 ans avec pour leitmotiv « L'expérience est une richesse nationale ». Ce plan s'appuyait sur quatre leviers principaux :

— accompagner les entreprises à anticiper et à adopter un meilleur management des âges ;

— améliorer les conditions du travail, en particulier pour réduire la pénibilité ;

— proposer une formation tout au long de la vie afin de réduire le « fossé générationnel » ;

— proposer des outils de diagnostic et d'évaluation aux entreprises.

Si le vieillissement a un impact sur des aptitudes physiques rendant certaines tâches manuelles plus pénibles, les progrès techniques peuvent offrir une amélioration grâce à des possibilités de robotisation ou d'ergonomie. En outre, faciliter la mobilité des travailleurs séniors soumis à une pénibilité accrue vers des postes d'accompagnement des plus jeunes pourrait favoriser la transmission des savoirs au sein des entreprises.

Cinq pays ont été pionniers pour adapter leur marché du travail aux séniors. Le plan finlandais est devenu une référence en Europe [France Stratégie, 2018]. Les Danois ont par exemple financé des outils de diagnostic et de prévention pour améliorer les conditions de santé et de sécurité. En Allemagne, les conventions collectives ont évolué de façon à rendre plus attractifs les emplois dans les petites et moyennes entreprises en zone rurale. Aux Pays-Bas, une loi sur la flexibilité a permis aux employés d'adapter les conditions de travail (durée et organisation des horaires) avec une capacité limitée de l'employeur de s'y opposer. Depuis 2015, l'État prend mieux en charge les coûts d'arrêts de maladie longue durée des plus de 55 ans. Le Conseil économique et social néerlandais a aussi œuvré pour la rédaction d'une charte afin de lutter contre la discrimination au travail, en particulier celle liée à l'âge. S'en est ensuivie une campagne de communication visant à améliorer l'image du travailleur sénior. En Suède, afin de lutter contre les sorties précoces du marché du travail pour des raisons de stress psychologique, une nouvelle réglementation a été mise en place avec les partenaires sociaux. Elle doit permettre une organisation du travail plus vertueuse. Ces cinq pays de référence sont aujourd'hui parmi les plus avancés en termes de taux d'emploi des séniors aussi bien pour la classe d'âge des 55-59 ans que pour celle des 60-64 ans.

Conclusion

Au cours des vingt dernières années, l'emploi des séniors a augmenté en Europe. Les pays les moins en avance ont d'ailleurs en grande partie rattrapé leur retard concernant la classe d'âge 55-59 ans. En revanche, pour ces derniers, des efforts restent à faire pour la classe d'âge 60-64 ans et l'emploi des femmes séniores.

Toutefois, la question d'un maintien durable et dans de bonnes conditions des séniors dans l'emploi se pose toujours dans un contexte où le durcissement des conditions de départ à la retraite va se poursuivre, ce qui maintient sous pression les marchés de l'emploi et nécessite de se préoccuper des conséquences sur le bien-être des travailleurs d'une durée allongée des carrières.

Repères bibliographiques

Bakker A. B. (2007), « The job demands-resources model : state of the art », *Journal of Managerial Psychology*, vol. 22, n° 3, p. 309-328.

Barangé C. (2009), « Face au vieillissement des populations : l'emploi des travailleurs âgés en Europe », *Retraite et société*, n° 57, p. 152-174.

Becker G. S. (1962), « Investment in human capital : a theoretical analysis », *Journal of Political Economy*, vol. 70, n° 5, p. 9-49.

Börsch-Supan A. (2017), « L'emploi des séniors en Allemagne : la mobilisation de plusieurs leviers », colloque du Conseil d'orientation des retraites, 30 novembre.

France Stratégie (2018), *Les Seniors, l'emploi et la retraite*, rapport, octobre.

Gannon F., Le Garrec G. et Touzé V. (2022), « Les systèmes de retraite face au vieillissement : le choix français à l'aune des pratiques européennes », *Revue de l'OFCE*, hors-série.

Guillemard A.-M. (2021), « Crise sanitaire et emploi des séniors : le retour aux mesures d'âge et à ses apories », *Revue interdisciplinaire Management, homme & entreprise*, vol. 10, n° 44, p. 81-92.

Lazear E. P. (1979), « Why is there mandatory retirement ? », *Journal of Political Economy*, vol. 87, n° 6, p. 1261-1284.

Murtin F. *et al.* (2022), « The relationship between quality of the working environment, workers' health and well-being : evidence from 28 OECD countries », *OECD Working Paper*.

VIII / L'union bancaire européenne : où en est-on ?

Hubert Kempf, ENS Paris Saclay et OFCE

Il faut se faire une raison : tout système financier est fragile. Parce qu'il fonctionne sur la base d'une interdépendance systématique des opérateurs, parce qu'il dépend de la confiance dans l'avenir et dans les partenaires des échanges financiers, parce que l'information disponible au moment de prendre une décision est toujours insuffisante et asymétrique, parce que les opérateurs ne sont pas tous égaux en capacité et en responsabilité. La difficulté est accrue quand on raisonne dans le cadre d'une union monétaire car une telle union engendre des causes spécifiques de fragilité financière.

La fragilité bancaire et l'unification monétaire

La stabilité d'un système bancaire-financier implique l'intervention des pouvoirs publics à trois niveaux : la supervision et le contrôle systématique du respect de la réglementation bancaire par les banques ; la résolution d'une crise et d'une mise en faillite d'une banque, pour éviter les phénomènes de propagation des difficultés à d'autres institutions ; l'assurance d'une partie ou de tous les dépôts faits par des agents non financiers dans la banque en crise. En union monétaire, la même trilogie s'applique : les mêmes trois domaines d'intervention doivent être couverts. Ce sont les trois « piliers » de l'union bancaire. L'unification monétaire appelle une telle union parce que les questions de stabilité continuent de se poser mais dans des termes renouvelés. D'une part, l'unification monétaire modifie les conditions d'émergence et de développement d'une crise bancaire. D'autre part, le partage de la souveraineté monétaire ne va pas systématiquement de pair avec une unification des cadres réglementaires et des autorités chargées de les appliquer.

L'unification monétaire et le transfert de la souveraineté monétaire des États membres à l'union vont de pair avec la constitution d'un système de paiements interbancaires unifié : les taux d'intérêt pour des actifs équivalents s'homogénéisent entre les différents pays, les conditions de refinancement des banques sont déconnectées des systèmes nationaux et une homogénéisation bancaire se met en place. Celle-ci rend impossible, ou très difficile, l'utilisation des techniques de répression financière (contrôle des capitaux, contrôle des conditions d'émission, intervention directe dans la gestion d'une institution financière) par lesquelles un État peut chercher à endiguer une crise financière ou bancaire en gestation ou en développement. Au surplus, les États n'ont plus la maîtrise des taux d'intérêt et des taux de change par laquelle ils auraient la possibilité d'aménager les conditions de financement du secteur financier.

La convergence des taux d'intérêt au sein de la zone euro, combinée à la libéralisation financière associée à l'union monétaire, relâche les contraintes extérieures et est susceptible de nourrir des déséquilibres importants et persistants au sein de l'union. C'est clairement ce qui s'est passé dans les premières années qui ont suivi la création de l'euro. Certains pays (la Grèce, l'Irlande, l'Espagne) ont vu les taux d'intérêt emprunteurs baisser dans un mouvement de convergence des taux nominaux. Ils en ont profité pour s'endetter fortement, pour nourrir un investissement immobilier important ou une hausse marquée des consommations publique et privée. La crise financière de 2008, soudaine, non anticipée et qui s'est propagée internationalement, les a particulièrement affectés, les entraînant dans des récessions économiques profondes et dans des défauts souverains dont la sortie fut longue et coûteuse économiquement et socialement. Au surplus, l'unification financière qui va de pair avec l'unification monétaire fait que les clientèles d'une banque s'internationalisent et que les banques elles-mêmes peuvent agir dans plusieurs États membres.

Il est donc clair que la stabilité du système de paiement se pose à l'échelle de l'union. Une crise dans le pays X peut affecter des agents résidant dans le pays Y puisque l'unité du système de paiement (rendue toujours plus facile par les technologies de transferts financiers) rend les banques interdépendantes et crée des risques de contagion. C'est vrai dans toute économie ouverte financièrement sur le reste du monde, mais l'union monétaire exacerbe les risques. En effet, les autorités publiques d'un pays n'ont plus la possibilité de se protéger d'une crise bancaire externe par le biais des changes et ne peuvent plus contenir une crise interne par des mécanismes de répression financière et de contrôle des flux financiers car cela leur est interdit.

Les autorités publiques nationales ne sont pourtant pas dénuées de toute capacité d'action et de toute capacité réglementaire, au contraire. Elles disposent de plusieurs atouts : une connaissance fine de leur secteur bancaire et financier, une capacité réglementaire mise en place et éprouvée de longue date, et, surtout, une capacité d'intervention budgétaire qui leur permet d'intervenir en cas de crise bancaire et financière. Mais la fragmentation des capacités réglementaires des États représente également une menace pour la stabilité bancaire puisqu'on peut avancer que des actions non coordonnées ne peuvent prendre la pleine mesure d'une crise financière ou bancaire ni la contenir efficacement et rapidement. Au contraire, cette fragmentation peut amplifier une telle crise car elle peut nourrir les comportements de prudence des intervenants financiers ou les actions opportunistes tirant parti des différences entre les décisions nationales. Il est donc logique que le cadre réglementaire garantissant cette stabilité soit pensé au niveau de l'union. Une union bancaire sera ainsi définie comme le cadre réglementaire commun aux pays membres d'une union monétaire couvrant le mode d'opération et la surveillance des activités des banques opérant dans l'union, la résolution des crises bancaires et l'assurance des dépôts [Véron, 2011 ; 2015].

La fragilité bancaire dans l'Union européenne

Dans le cas de l'Union européenne (UE), c'est à propos de la découverte du « cercle vicieux banques-États » que cette nécessité est apparue aux dirigeants européens et les a poussés à explicitement mettre en place les éléments d'une union bancaire européenne. Au cours de la crise des dettes souveraines commencée avec les difficultés des finances publiques grecques révélées en 2009, il est apparu que les systèmes bancaires nationaux privilégient les placements dans les titres émis par leurs propres États. Un État en difficulté financière recourt donc à son système bancaire national pour se (re)financer. Si sa dette publique est jugée risquée, le risque est ainsi en partie supporté par le système bancaire. Il est ainsi lui-même rendu fragile alors que la confiance dans sa solidité est un élément essentiel de son fonctionnement et de sa viabilité. Si la méfiance s'installe au point de provoquer une crise bancaire, celui-ci ne pourra compter sur le secours de l'État puisque celui-ci a du mal à trouver les financements extérieurs hors des banques nationales. La dépendance réciproque entre finances publiques et système bancaire risque ainsi de créer une crise jumelle sans solution. Cette dépendance peut bien sûr exister dans une économie unitaire. Elle est rendue particulièrement dangereuse en union monétaire car les États y sont dépourvus de l'arme du change qui permet de moduler les financements externes et des instruments de répression financière, comme les contrôles des changes et des flux de capitaux. C'est ce qui a poussé les dirigeants européens à vouloir mettre en place des instruments de réglementation bancaire communs aux pays membres, complétant donc le système d'échanges interbancaires TARGET[1], conçu en 1999, à la création de la zone euro.

Une telle mise en place pose des problèmes complexes et met au jour la difficulté du fonctionnement d'une union monétaire [Kempf, 2019], au-delà de la seule suppression des taux de change et de la définition d'une politique monétaire unique couvrant l'ensemble de la zone. Pourtant, le transfert de souveraineté en matière monétaire que représente une monnaie unique et commune n'implique pas *ipso facto* le transfert des capacités de réglementation bancaires et financières. De plus, la gestion des crises bancaires suppose des opérations de sauvetage qui impliquent les pouvoirs publics, intervenant par le biais de la banque centrale et du Trésor public. Or, dans la zone euro, si la banque centrale est une institution supranationale censée être indépendante des autorités politiques, il n'existe pas de Trésor public commun à l'ensemble de la zone et les Trésors publics (donc les capacités financières publiques utilisables pour endiguer ou gérer les conséquences de la crise) sont sous le contrôle des États membres.

Examinons ces éléments successivement.

Une union monétaire unifie un espace de paiement par le biais d'une monnaie commune. Les opérations financières que pratiquent les ressortissants et les institutions bancaires de pays différents lient ainsi les pays membres sans être médiées

1 Le système TARGET permet aux banques de la zone euro de procéder journellement aux transferts interbancaires résultant des opérations bancaires de leurs clients respectifs.

par les taux de change et les conditions financières d'un pays impactent celles qui prévalent dans les autres pays : les crises et les chocs financiers se transmettent sans que les mouvements de change jouent leur rôle d'amortisseur.

L'autonomie réglementaire en matière bancaire et financière fait que les États membres peuvent chercher à attirer des flux financiers par le biais de conditions d'encadrement plus ou moins favorables [Gersbach *et al.*, 2020]. Les opérateurs procédant à des arbitrages réglementaires, il se crée une concurrence réglementaire analogue à la concurrence fiscale qui peut aboutir à une course vers le bas (la recherche d'une réglementation plus faible qu'en cas d'autarcie) ou vers le haut (une réglementation plus forte pour attirer les opérateurs les plus sûrs). Le résultat peut être une situation réglementaire n'atteignant pas ses objectifs et donc sous-optimale [Boyer et Kempf, 2020] : le risque bancaire est mal encadré. Dans la mesure où une union monétaire facilite les arbitrages auxquels procèdent les opérateurs financiers, ce risque y est accru et la supervision bancaire, assurée par des États qui se font concurrence, déficiente. En cas de crise bancaire localisée dans un pays donné, sans harmonisation réglementaire, la question se pose de savoir quelle est l'autorité responsable du règlement de la crise : celle du pays où est enregistrée l'institution en difficulté, celle du pays où est enregistrée l'institution mère de cette institution ou celle du pays où réside l'opérateur financier affecté par ces difficultés. L'assurance des dépôts rencontre des difficultés du même ordre. Tous les pays membres ont un dispositif d'assurance des dépôts, mais ces dispositifs peuvent différer, être plus ou moins généreux. Dans le cas d'une faillite bancaire, quelle autorité est responsable et doit procéder à l'indemnisation totale ou partielle des déposants ? Les autorités politiques du pays où est domiciliée la banque en question puisqu'elles en assurent la supervision ? Ou celles du pays où réside un déposant, qui doivent se préoccuper de son bien-être, en particulier parce qu'il est aussi un électeur, et que la confiance dans le système bancaire ne doit pas être menacée ?

Unifier la réglementation bancaire ?

On pourrait penser qu'une solution simple à ces difficultés est d'unifier la réglementation au niveau européen. Puisqu'il y a unification de l'espace bancaire et financier par le biais de la liberté de circulation des capitaux, cette unification ne doit-elle pas aller jusqu'à l'unification des réglementations qui encadrent les institutions financières et bancaires pour assurer ainsi une gestion collectivement optimale des risques ? Solution apparemment simple mais en fait truffée de difficultés. Les deux principales sont le transfert de souveraineté que cette harmonisation représente et la nécessité de financer les opérations de sauvetage et d'intervention en cas de crise bancaire.

Sur le premier point, passons sur les difficultés proprement politiques liées à l'acceptation de ce transfert de souveraineté et à la mise en place d'institutions communautaires chargées de la réglementation et de l'intervention. D'un point de vue strictement économique, la mise en place d'un échelon communautaire (supranational) pose la question de la subsidiarité : cet échelon doit-il s'occuper de tout le dispositif réglementaire ou seulement de celui qui concerne les risques susceptibles d'affecter l'union dans son ensemble ou ne pouvant être résolus qu'au niveau de l'union ? En d'autres termes, doit-il être unique ou composer avec d'autres échelons, en particulier nationaux ? L'avantage des autorités nationales chargées de la réglementation bancaire est qu'elles disposent d'une information détaillée et d'une connaissance approfondie des banques soumises à leur cadre réglementaire depuis longtemps. Leur désavantage est, à l'inverse, de ne pas disposer d'une information d'ensemble sur le système bancaire européen et ainsi de ne pas voir ou de ne pas évaluer avec acuité les risques dits « systémiques », c'est-à-dire les risques que court le système dans son entier du fait des interdépendances entre institutions bancaires et des effets transfrontières que nous avons notés.

La deuxième difficulté est budgétaire. Tant au niveau de la résolution d'une crise bancaire qu'au niveau de l'indemnisation, l'intervention publique implique des dépenses, donc une capacité budgétaire. C'est cette capacité budgétaire qui donne son crédit à cette intervention et contribue à la confiance dans le système bancaire. Un échelon communautaire doit donc disposer d'une telle capacité budgétaire, soit par le biais d'un budget supranational, soit par la possibilité de tirer les ressources nécessaires par recours aux Trésors publics nationaux mais rapidement et sans négociations qui obéreraient gravement son efficacité. Cela revient à supposer une « union budgétaire » venant épauler et crédibiliser l'union réglementaire. Or, pour ce qui est de l'UE, une telle union budgétaire n'a pas été prévue à la création de l'euro. Les seules dispositions mises en place sont celles du Pacte de stabilité et de croissance, dont le moins qu'on puisse dire est qu'il n'est pas favorable aux dépenses publiques même en situation exceptionnelle. Mais, même si une telle union est envisagée ou politiquement possible, les difficultés ne sont pas terminées pour autant. Qui dit dépenses publiques dit impôts. Se pose donc la question de qui doit payer pour qui. Un impôt levé sur les citoyens européens (sous une forme ou sous une autre, immédiate ou différée dans le cas d'un endettement européen) pour résoudre une crise bancaire survenant dans un pays donné ou pour indemniser les déposants d'une banque liquidée revient à réaliser des transferts transfrontaliers. Le sujet est évidemment extrêmement sensible dans l'UE. Les résistances des opinions publiques nationales à ces transferts représentent un obstacle majeur à l'union bancaire européenne.

Enfin, la dernière difficulté réside dans le fait que, pour des raisons diverses, les frontières de l'UE ne coïncident pas avec les frontières de la zone euro. Cette dernière est un sous-ensemble de la première. Ainsi, c'est pour les nécessités de l'unification européenne et du bon fonctionnement de la politique monétaire dans la zone euro que les autorités politiques européennes doivent concevoir un cadre réglementaire valable pour l'UE dans son ensemble, donc compatible avec une pluralité de devises.

L'établissement d'une union bancaire européenne

Devant ces difficultés, on ne peut s'étonner que la constitution d'une union bancaire européenne soit malaisée, graduelle et inachevée car présentant des lacunes réglementaires majeures.

Les premières déclarations officielles du Conseil européen endossant le principe d'une union bancaire européenne ont été faites lors de sa réunion les 28 et 29 juin 2012. Dans les mois qui ont suivi, les différents éléments de cette union bancaire ont commencé à être mis en place. Ils correspondent à la trilogie évoquée plus haut : supervision bancaire, résolution des crises, assurance des dépôts bancaires.

En ce qui concerne l'activité de supervision des banques opérant dans l'UE, les dirigeants européens[2] ont mis en place un

2 Ce terme vague, employé par commodité, renvoie ici à l'ensemble des institutions politiques européennes pesant sur les décisions prises dans l'Union européenne : Conseil européen, Commission européenne, Parlement européen, et non les seuls chefs d'État et de gouvernement européens.

« mécanisme de surveillance unique[3] » (MSU), par un règlement européen adopté le 15 octobre 2013. Les États membres de la zone euro doivent appliquer les termes de cette réglementation, les États non membres ont la possibilité de le faire s'ils le souhaitent. Concrètement, les banques de la zone euro doivent être surveillées et contrôlées par le MSU et les banques européennes hors zone euro peuvent l'être à leur demande. Le principe clé du MSU est que la supervision des activités des banques opérant dans ces pays est conjointement assurée par la Banque centrale européenne (BCE) et les autorités nationales, mais leurs responsabilités sont différenciées. La BCE assure la supervision directe des banques les plus importantes opérant dans la zone euro tandis que les banques moins importantes sont surveillées par leurs autorités nationales. La BCE est impliquée indirectement dans la surveillance de ces banques et peut intervenir conjointement avec les autorités nationales. Une banque (de taille) « significative » est une banque dont les actifs sont supérieurs à 30 milliards d'euros, représentent plus de 20 % du PIB du pays où elle opère, ou qui compte parmi les trois plus importantes banques de son pays. Le MSU a été institué le 4 novembre 2014 et est localisé à Francfort.

La surveillance du système bancaire européen reposant de façon prédominante sur la BCE, une séparation stricte et claire entre ses responsabilités monétaire et bancaire est indispensable. Mais l'étanchéité complète est impossible. En témoigne le fait que le Conseil des gouverneurs de la BCE dispose du pouvoir exécutif du MSU. Le MSU est dirigé par un conseil de surveillance qui instruit les dossiers et soumet ses conclusions au Conseil des gouverneurs.

La résolution des crises bancaires est de la responsabilité du « mécanisme de résolution unique » (MRU)[4]. Ce dispositif s'appuie sur le « fonds de résolution unique » abondé par les banques participantes et devant atteindre un total de 55 milliards d'euros en 2025. La justification d'un tel mécanisme est de permettre que le sauvetage ou la liquidation dans de bonnes conditions d'une banque européenne en grande difficulté ne soient pas obérés par les conditions financières dégradées de l'État dont elle dépend. En d'autres termes, il s'agit d'une réponse au cercle vicieux du financement. Il est dirigé par un « conseil de résolution unique » et travaille en étroite collaboration avec

3 En anglais, le *Single Supervisory Mechanism* (SSM).

4 En anglais, le *Single Resolution Mechanism* (SRM).

la BCE puisque celle-ci a une information de première qualité sur une banque en grande difficulté du fait de ses responsabilités de surveillance[5].

La question de l'assurance des dépôts est beaucoup moins avancée pour des raisons déjà évoquées. D'une part, cette assurance est nécessairement assurée par des fonds publics et les sommes impliquées sont le plus souvent importantes et peuvent être considérables. Les États sont évidemment prudents en la matière d'autant que leurs finances sont le plus souvent dégradées. D'autre part, une assurance européenne peut entraîner des transferts transfrontières importants peu appréciés par les opinions publiques nationales : expliquer à un contribuable hollandais de la classe moyenne qu'il doit supporter des impôts pour indemniser un riche déposant italien affecté par la faillite de sa banque en vertu d'un accord européen n'est pas tâche facile. Enfin se pose la question de l'imputation de la responsabilité de tel dépôt à tel pays. Les institutions européennes ont néanmoins cherché à avancer sur cette question. La Commission européenne a rendu publique la proposition de la création du *European Deposit Insurance Scheme* (EDIS) [Commission européenne, 2015].

Il existe déjà une harmonisation des dispositifs nationaux d'assurance des dépôts : la limite des dépôts assurés dans les pays de l'UE, qui est du ressort des États mais non imposée par l'UE, est de 100 000 euros. Les États membres ont mis en place des fonds de garantie abondés par les banques opérant sur leurs territoires. La proposition du schéma européen d'assurance des dépôts consistait à créer progressivement un fonds européen abondé par des contributions des banques, à côté des dispositifs nationaux déjà en place. Ces contributions seraient déduites des contributions que les banques versent aux fonds nationaux. L'opération se ferait donc à coûts constants (pour les banques). Les contributions des banques étaient censées refléter leurs risques. Diverses mesures réglementaires devaient réduire le risque systémique, en particulier le cercle vicieux évoqué plus haut. Mais elles sont apparues insuffisamment contraignantes et la proposition a été jugée déséquilibrée car ne traitant pas

5 Ne fait pas partie de l'union bancaire proprement dite le « mécanisme européen de stabilité » (MES), créé par un amendement au « traité portant sur le fonctionnement de l'Union européenne », et concernant les pays membres de la zone euro, en vigueur à partir de 2012. Ce dispositif a la possibilité de lever jusqu'à 700 milliards d'euros pour venir en aide aux États faisant face à des difficultés financières importantes ou pour participer au sauvetage de banques en péril ou faisant faillite. Son administration est localisée à Luxembourg.

suffisamment des risques encourus par les banques. Elle n'a pas été reprise par les autres instances européennes et, à ce jour, aucun consensus ne s'est fait jour sur ce troisième pilier de l'union bancaire.

Une construction inachevée

De l'aveu même des dirigeants européens, la construction d'une union bancaire européenne est inachevée. Le 16 juin 2022, l'Eurogroupe[6] [2002] publiait une déclaration reconnaissant explicitement cet état de fait et appelant à des améliorations substantielles mais vagues : une meilleure définition de l'intérêt collectif d'une telle union et une harmonisation des procédures nationales en matière d'assurance des dépôts bancaires et des lois, elles aussi nationales, encadrant les faillites bancaires. Ce faisant, l'Eurogroupe, par ce qu'il ne disait pas ou laissait entendre dans cette déclaration, soulignait les insuffisances proprement programmatiques de l'union bancaire dans son état actuel.

En insistant sur la nécessité de l'harmonisation des cadres législatifs et réglementaires nationaux, l'Eurogroupe reconnaît que l'union bancaire ne peut s'appuyer sur un transfert significatif des prérogatives législatives nationales :

— il apparaît que la question de la subsidiarité n'est pas convenablement tranchée car elle ne s'appuie ni sur une analyse convaincante et partagée des externalités transfrontières qui peuvent justifier l'union bancaire européenne, ni, et c'est le plus important, sur une volonté politique commune aux États de procéder à un transfert de souveraineté en matière bancaire ;

— il est raisonnable de penser que les masses financières à la disposition du système européen de résolution sont insuffisantes pour endiguer une crise bancaire ou financière importante, en particulier si elle est systémique. Le MRU est conçu comme un système d'assurance mutuelle des banques sous la houlette des autorités publiques européennes. L'expérience historique des crises financières montre que cela ne suffit plus et que l'implication proprement budgétaire des États est indispensable pour les gérer, voire les résoudre. On ne peut douter que les États européens agiront effectivement en cas de crise bancaire

6 L'Eurogroupe est formé des ministres des Finances des États membres de la zone euro qui se réunissent mensuellement en vue de coordonner informellement leurs politiques économiques.

et financière. Mais la question est de savoir s'ils le feront efficacement, diligemment et de façon coopérative. On peut en douter : la coopération ne se décrète pas, elle se construit ;

— la crédibilité de l'union bancaire n'est effective que si elle s'appuie sur une capacité financière commune et clairement identifiée, ce que l'Eurogroupe se garde bien de rappeler, le problème étant trop sensible. Une union budgétaire européenne, sous quelque forme institutionnelle que ce soit mais capable de mobiliser des fonds publics et de les dépenser de façon discrétionnaire, n'est pas à l'agenda des dirigeants européens ;

— en particulier, la question de l'endettement collectif des États européens, là encore sous une forme ou sous une autre, n'est pas posée dans les milieux dirigeants européens et encore moins résolue, sinon de façon exceptionnelle[7]. Pourtant, la capacité de l'émission d'une dette européenne, collectivement assumée par les États européens, là encore sous une forme ou sous une autre, représente à la fois la mise en place d'un instrument financier susceptible (sans qu'on puisse le tenir pour assuré) de contribuer à mieux gérer les risques auxquels les institutions financières et bancaires sont confrontées et un mode de financement optimal d'une crise systémique, car lissant intertemporellement les dépenses publiques nécessaires tout en soutenant l'activité économique pour ne pas amplifier les effets dépressifs d'une crise financière ou bancaire d'ampleur ;

— les réglementations publiques actuellement en place sont insuffisantes, en particulier parce que le secteur bancaire change rapidement pour des raisons technologiques, du fait de la numérisation accélérée des transactions financières et des supports de paiement (crypto-monnaies et monnaies numériques), et les externalités ainsi créées ne sont que partiellement prises en compte ;

— l'inaboutissement de l'harmonisation de l'assurance des dépôts est dans ces conditions un symptôme de cette insuffisance du cadre européen d'encadrement des activités bancaires.

Une construction fragile

Dans ces conditions, l'union bancaire européenne dans son état actuel apparaît comme une construction fragile. Sa fragilité a plusieurs causes.

7 À propos du plan *NextGenerationEU* de 2020, voir Bozou *et al.* [2022] et Malingre [2020].

1) Le cadre réglementaire et ses exigences sont certainement insuffisants. L'articulation entre les responsabilités des autorités nationales et celles des institutions supranationales est peu claire. À l'évidence, les dirigeants européens ont été d'une prudence extrême en matière de transfert de souveraineté à des institutions supranationales.

2) La définition des responsabilités attribuées aux différentes autorités de réglementation et d'intervention est imprécise et leurs articulations sont ambigües. On peut aussi bien critiquer une trop grande proximité des instances dirigeantes de ces institutions que la confusion des responsabilités des différentes institutions. Cela dit, étant donné la complexité des systèmes financiers et bancaires, leur régulation dépend de la qualité des informations précises sur les liens d'interdépendance entre les institutions financières et ces informations sont par nature disséminées dans des organismes différents. Leur coopération et donc les chevauchements de responsabilité sont dans l'ordre des choses.

3) Le problème est particulièrement aigu en ce qui concerne la BCE, qui joue un rôle clé dans cette construction, formellement et dans les faits. Sa responsabilité dans chacun des piliers de l'union bancaire européenne, en particulier dans le mécanisme de surveillance unique, est éminente. Les Européens ont choisi de confier cette responsabilité à la Banque centrale de l'Union. C'est une position raisonnable : la mission ultime d'une banque centrale dans une économie fortement bancarisée, comme l'est l'économie européenne, est la stabilité et la pérennité du système de paiements qui dépend crucialement de la solidité du système bancaire. De plus, la BCE a fait la preuve qu'elle est une institution supranationale d'une très grande compétence et dont la mission au service de la construction européenne est assumée. Mais cette option n'est pas sans danger. La séparation des responsabilités en matière de politique monétaire et des responsabilités en matière de surveillance et de résolution ne peut être totale au sein d'une même institution, dirigée par une seule instance. Au surplus, si la délégation de la politique monétaire à une institution neutre politiquement (ce que les économistes appellent l'« indépendance de la banque centrale », expression équivoque et, pour tout dire, malheureuse) est justifiée étant donné que la politique monétaire, en première analyse, concerne nécessairement toute l'économie, cela n'est pas le cas en matière d'encadrement bancaire ou financier. Il y a en la matière une dimension budgétaire, un problème

d'allocation des ressources publiques qui renvoie forcément à la politique. Sauver ou pas une banque a un coût, supporté par des contribuables, probablement inégalement. Cela crée immanquablement des conflits, des débats et des positions opposées. On est donc dans l'ordre du politique. Laisser une telle décision à une institution effectivement neutre politiquement, donc non soutenue par une légitimité politique acquise dans les urnes, c'est prendre un risque dont il ne faut pas minimiser l'importance.

4) Les sécurités financières sont-elles suffisantes ? Il est difficile de répondre à cette question. C'est à l'épreuve d'une crise bancaire qu'il y sera répondu. Il faut espérer que cela n'arrive pas, ou le plus tard possible. En revanche, il faut insister sur le fait que la solidité et la résilience du système bancaire européen dépendent de la crédibilité du cadre réglementaire, donc de sa transparence et de sa cohérence.

5) Enfin, la constitutionnalité de ces règlements et de ces dispositions n'a pas encore été testée. Mais une grave crise bancaire et financière est susceptible de provoquer un tel conflit entre cours constitutionnelles. Ce fut le cas à propos de la politique non conventionnelle de la BCE dans les années 2010, qui fut attaquée devant la cour constitutionnelle allemande pour non-conformité à son mandat et aux traités européens. Ces débats passés resurgiront certainement dans le futur. La façon dont ils seront tranchés sera un élément déterminant dans l'orientation de l'union bancaire européenne et donc dans son effectivité.

Au vu de ces difficultés, on ne peut s'étonner que la Commission européenne ait récemment proposé des modifications du cadre réglementaire européen. Ses propositions sont doubles :

— la première est d'élargir le cadre d'application des règles en matière de redressement d'une banque en difficulté en vigueur au niveau européen quand un intérêt régional et non plus seulement national est en jeu. Il s'agit de fait d'appliquer ces règles aux banques régionales ou locales régies par les autorités nationales. Cet élargissement aurait également pour conséquence d'harmoniser les traitements des banques en difficulté dans l'ensemble de l'Union, répondant ainsi aux vœux du Parlement européen ;

— la seconde est de permettre d'utiliser les fonds collectés par les États au titre de l'assurance des dépôts pour renflouer directement ou indirectement ces banques petites et moyennes, sans avoir à recourir au budget de l'État, donc à l'impôt proprement dit.

Ces propositions sont modestes par rapport aux enjeux. Là encore, en creux, la Commission européenne révèle les limites de l'état actuel de l'union bancaire européenne. Insister sur l'harmonisation des règles nationales, par l'extension des règles déjà appliquées au niveau européen, est certainement logique et bien fondé, en ligne avec l'intégration économique européenne, mais ne représente pas un saut qualitatif. En revanche, proposer d'utiliser des fonds prévus pour l'assurance des dépôts revient à affaiblir la crédibilité du dispositif bancaire auprès des déposants et accroît le risque de panique bancaire et de crise systémique. Cela montre que la maîtrise des finances publiques obsède les responsables européens au point de leur faire chercher des moyens de contourner la difficulté de boucler les comptes publics, avec le risque d'affaiblir la stabilité bancaire recherchée.

Les dilemmes de l'union bancaire européenne

Malgré la coïncidence de cette publication avec les difficultés bancaires rencontrées par le système bancaire américain depuis la faillite de la Silicon Valley Bank le 10 mars 2023, les représentants de la Commission assurent que ces propositions ne sont pas des réponses à ces difficultés [Hubaut, 2023]. Pourtant, cette crise est révélatrice de mutations en cours en matière financière et bancaire qui ne peuvent manquer de peser sur la construction d'un cadre réglementaire solide pour l'UE [Cooper et Kempf, 2023].

Les dilemmes concernant l'union bancaire auxquels est confrontée l'UE apparaissent clairement :

1) il est nécessaire de renforcer la crédibilité de l'union bancaire. Cela passe par une transparence des réglementations en vigueur, clairement avancées et défendues, à l'abri des contingences et des vicissitudes de la vie économique. En particulier, les articulations et la responsabilité des diverses instances chargées des différents volets de l'union bancaire, nationales et européennes, doivent avoir été définies avec clarté. Cela est contradictoire avec la dimension politique de l'UE et même de la zone euro qui repose sur un principe de négociations permanentes, feutrées et croisées ;

2) la rapidité de l'intervention publique en cas de crise bancaire est une condition indispensable à son succès. C'est dans le cas de l'UE un objectif très difficile à atteindre, étant donné son processus de décision, forcément lent par rapport au tempo d'une crise bancaire ;

3) l'union bancaire européenne manque de façon criante d'un prêteur en dernier ressort clairement identifié parce que l'UE n'est pas, ou si peu, une union budgétaire et fiscale. Par défaut, ce rôle est tenu par la BCE, institution supranationale qui apparaît, à tort ou à raison, comme neutre sur le plan politique et identifiée aux intérêts de l'union. Le précédent de la double crise bancaire et financière commencée avec la faillite de Lehman Brothers aux États-Unis en 2008, qui a vu une intervention massive, durable et non conventionnelle de la BCE, l'illustre éloquemment, mais ce précédent est potentiellement dangereux dans la mesure où il peut laisser entendre que toute difficulté est structurellement résolue par la BCE. C'est oublier un peu vite que la BCE définit et applique la politique monétaire de l'union et que cette politique peut être menacée par ce rôle. Être le prêteur en dernier ressort met en cause logiquement sa capacité à définir et tenir une politique monétaire crédible, maintenue et centrée sur ses objectifs macroéconomiques. Les difficultés à sortir de la politique monétaire non conventionnelle des années 2010 le montrent à l'envi.

Et maintenant ?

La crise bancaire rampante en cours en 2023 aux États-Unis témoigne d'une élévation du niveau de risque bancaire, en particulier systémique, en partie à cause des politiques macroéconomiques qui ont été menées dans ce pays ces dernières années, en partie à cause de chocs inattendus, et enfin à cause de mutations technologiques dont nous n'avons pas encore pleinement perçu les impacts potentiels dans le secteur financier et bancaire. Face à cette élévation du risque, il est naturel de penser que l'encadrement de ce secteur par les pouvoirs publics doit se renforcer.

Cela vaut pour l'UE comme pour l'État américain. Dans son cas, satisfaire cette exigence revient à dire que constituer une union bancaire européenne ambitieuse est une urgence. Le paradoxe est que cette ambition et cette urgence exacerbent les tensions et les difficultés politiques entre les États membres puisque chacun redoute de faire les frais de l'opération en vertu du principe selon lequel les opinions publiques nationales ne tolèrent pas d'être perdantes dans le processus de construction européen. En bref, l'union bancaire européenne est devenue en 2023 plus urgente et plus conflictuelle.

Repères bibliographiques

BOYER P. C. et KEMPF H. (2020), « Regulatory arbitrage and the efficiency of banking regulation », *Journal of Financial Intermediation*, vol. 41, n° 100765.

BOZOU C., CREEL J. et SARACENO F. (2022), « *NextGenerationEU* : le grand défi », *in* OFCE, *L'Économie européenne 2022*, La Découverte, « Repères », Paris, p. 23-35.

COMMISSION EUROPÉENNE (2015), « A stronger Banking Union : new measures to reinforce deposit protection and further reduce banking risks », communiqué de presse, 24 novembre.

COOPER R. et KEMPF H. (2023), « Lessons from SVB for economists and policymakers », Blog de l'OFCE, 22 mai.

EUROGROUP (2022), « Eurogroup statement on the future of the Banking Union of 16 June 2022 », communiqué de presse, 16 juin.

EUROPEAN SUMMIT (2012), communiqué de presse, 28 juin.

GERSBACH H., HALLER H. et PAPAGEORGIOU S. (2020), « Regulatory competition in banking : curse or blessing ? », *Journal of Banking & Finance*, vol. 121, n° 105954.

HUBAUT L. (2023), « L'UE présente sa réforme des règles de sauvetage des banques en difficulté », *Le Figaro*, 18 avril.

KEMPF H. (2019), *L'Économie des unions monétaires*, Economica, Paris.

MALINGRE V. (2020), « La Commission européenne propose un plan de relance de 750 milliards, empruntés en commun », *Le Monde*, 27 mai.

VAN ROMPUY H. (2012), *Towards a Genuine Economic and Monetary Union*, 26 juin.

VÉRON N. (2011), « Europe must change course on banks », *VoxEU*, 22 décembre.

— (2015), « Europe's radical banking union », *Bruegel Essay and Lecture Series*.

IX / Les enjeux de la réforme du cadre budgétaire européen

Jérôme Creel et Francesco Saraceno

Depuis 2007, l'Union européenne (UE) a connu une succession impressionnante de crises. Considérées pendant longtemps comme inefficaces, voire néfastes, les politiques monétaires et budgétaires sont revenues sur le devant de la scène pour y faire face, après trois décennies d'éclipse. La crise de 2007-2008, bancaire et financière d'abord, puis économique, a été suivie d'une reprise inégale, marquée par une deuxième crise en zone euro, cette fois-ci liée à la dette souveraine. La sortie de crise fut contrariée par des politiques d'austérité budgétaire et caractérisée par la divergence entre les pays membres. La récession a été surmontée grâce aux efforts considérables de la Banque centrale européenne (BCE), qui a permis à la monnaie unique de survivre en adoptant des programmes d'achat massif d'actifs (« assouplissement quantitatif », ou *quantitative easing* en anglais). L'économie des pays avancés semblait alors se diriger vers une longue période de stagnation séculaire, marquée par une épargne mondiale excessive et des investissements insuffisants, avec pour effet de maintenir les taux d'intérêt proches de zéro tandis que l'évolution des prix flirtait avec la déflation.

Avec la pandémie de Covid-19, nous sommes entrés dans une nouvelle phase. Les confinements ont eu un impact négatif simultané sur l'offre et la demande ; en outre, la pandémie a provoqué une recomposition sectorielle de la demande et de la production, dont il n'est pas possible de comprendre aujourd'hui encore si et à quel point elle est permanente. À cette crise sans précédent (dans les temps modernes), il a été répondu par des politiques sans précédent, en essayant de maintenir en vie l'économie qui avait été artificiellement mise dans le coma, avec des mesures pour soutenir les marchés du travail qui se sont révélées particulièrement efficaces (par exemple, l'extension des programmes d'activité partielle), avec un soutien aux revenus des entreprises et des ménages, et avec des politiques monétaires qui ont soutenu l'effort budgétaire colossal *via* des programmes extraordinaires d'achats d'actifs.

Le redémarrage de l'économie après la pandémie a également été compliqué. Dès que les restrictions sanitaires ont été assouplies, les investissements et la consommation ont repris fortement, engendrant des tensions : d'une part, les systèmes de production non encore réorganisés pour s'adapter à la nouvelle composition de la demande et, d'autre part, la persistance de la pandémie dans certaines régions ont entravé la resynchronisation sectorielle de l'offre et de la demande, et créé des tensions inflationnistes au niveau microéconomique. Avec la guerre en Ukraine, l'inflation s'est généralisée et les banques centrales (en particulier la Réserve fédérale, avec la BCE quelque peu obligée de suivre) ont entamé un processus de resserrement qui était toujours en cours en juin 2023. En toile de fond de cette succession incessante de crises figure également la nécessité de s'engager dans les transitions écologique et numérique. Alors que les décideurs tentent d'endiguer les feux des crises successives, ils sont obligés de concevoir (et de trouver les ressources pour faciliter) la transition vers le monde de demain.

Repenser la macroéconomie

Cette impressionnante séquence de crises est d'autant plus significative qu'elle fait suite à trente années de « Grande Modération », c'est-à-dire de fluctuations cycliques peu prononcées et d'inflation modérée et stable. Ce sont les années de la « fin de l'histoire » décrétée par Francis Fukuyama [1989], qui croyait que le modèle des démocraties libérales s'était définitivement imposé comme le seul mode d'organisation de la société. Et ce furent aussi les années de la « fin de la stabilisation macroéconomique », un problème que le prix Nobel Robert Lucas avait déclaré résolu une fois pour toutes en 2003. La Grande Modération de l'économie reposait cependant sur un consensus théorique autour du modèle d'équilibre général improprement appelé « néokeynésien », car il se concentrait sur l'efficacité des marchés et accordait un rôle limité aux politiques macroéconomiques.

Les excès des marchés financiers, les inégalités croissantes, les déséquilibres macroéconomiques et commerciaux qui ont conduit à la crise financière de 2007 ont provoqué une profonde remise en question de ce consensus. Après plus de trente ans d'insistance sur la suprématie des marchés pour assurer la croissance et l'innovation, un vaste débat s'est engagé sur la nécessité de réévaluer le rôle du secteur public dans la régulation du cycle économique, le soutien aux marchés et la correction de leurs inefficacités. Le débat n'épargne aucun des dogmes d'avant la crise, de la politique industrielle à la répartition des revenus, de la fiscalité au rôle et à la nature des réformes « structurelles », allant même jusqu'à discuter des forces et faiblesses du protectionnisme et des contrôles des flux de capitaux. En particulier, le débat actuel réévalue le rôle de la politique budgétaire.

Le retour de la politique budgétaire dans la boîte à outils des gouvernements s'est fait en trois étapes distinctes. La première, pendant la crise financière globale, a vu une intervention keynésienne au sens usuel, visant à compenser l'effondrement de la demande privée par des politiques expansionnistes de soutien à l'activité. Après le tournant de l'austérité, en 2010, l'accent a été mis sur le rôle de l'investissement public, longtemps sacrifié par les programmes d'assainissement budgétaire[1]. Enfin, la pandémie a mis en lumière les pénuries de capital social et de biens publics (santé, bien sûr, mais aussi éducation, protection sociale, etc.) et remis la politique industrielle au centre des débats, pour accompagner la recomposition sectorielle de l'économie et faciliter les transitions numérique et écologique.

Bref, les quinze dernières années ont balayé l'illusion que la main visible des États pouvait rester au second plan de la gouvernance de l'économie : pour garantir le bien-être social et une croissance équilibrée, les processus de marché doivent être soutenus, gouvernés et régulés, orientés, et parfois combattus. La politique monétaire est loin d'être suffisante pour y parvenir. Les politiques budgétaires et fiscales doivent faire partie des outils dont dispose le décideur. Bien sûr, il n'y a pas de consensus sur l'ampleur et la manière dont la politique économique devrait réglementer les marchés et parfois interférer avec leur fonctionnement, mais il s'agit bien là d'une discussion sur l'endroit où placer le curseur et pas sur le fait de savoir si l'État a ou non un rôle à jouer.

---

1 Voir la série annuelle des *European Public Investment Outlook*, coéditée par Floriana Cerniglia et Francesco Saraceno depuis 2020.

La gouvernance européenne à refonder

L'UE a longtemps été imperméable à ce *Rethinking Macroeconomics* (du titre d'une série de conférences organisées après 2008 par le Fonds monétaire international — FMI —, pourtant l'un des bastions de l'ancien consensus) ; toutefois, avec la pandémie, elle a été ébranlée. Tout d'abord, la mise en route en à peine quelques semaines du dispositif *NextGenerationEU* a balayé l'opposition de l'Allemagne à la gestion commune des chocs et à la mutualisation de la dette (au contraire, l'Allemagne a été, avec la France, le moteur du dispositif [Bozou *et al.*, 2022]). Puis, avec la reprise post-Covid-19, le thème du changement structurel est revenu en force : adapter les économies au changement des modes de vie à la suite de la pandémie ; réorganiser la production et les chaînes de valeur dans un monde de plus en plus instable sur le plan géopolitique ; accélérer le processus de transition écologique. Face à ces défis, à l'activisme et au protectionnisme de partenaires stratégiques et de concurrents (des États-Unis à l'Inde et à la Chine), le problème aujourd'hui n'est pas de savoir s'il faut avoir une politique industrielle, mais quelle forme elle doit prendre. Le débat récent [Aiginger et Rodrik, 2020] montre qu'une politique industrielle renouvelée ne devrait pas se limiter à un protectionnisme générique et à la proposition de grands oligopoles européens. Au contraire, il faut une stratégie multidimensionnelle qui implique le secteur privé et nécessite des investissements importants dans les infrastructures matérielles et immatérielles, mais aussi de la réglementation, des incitations et des subventions, des politiques actives du marché du travail, le financement de la recherche en arrivant même à mobiliser la politique monétaire et la réglementation financière. Tout un arsenal d'outils, en somme, qui faciliterait la recomposition sectorielle d'un système de production qui, dans les années à venir, sera nécessairement très différent de celui que nous avons aujourd'hui.

Se pose alors le problème de savoir comment doter l'UE et ses États membres des outils nécessaires à la mise en œuvre des politiques macroéconomiques, sociales et industrielles. Parce que les deux crises que nous avons vécues nous ont légué deux leçons.

La première est que les institutions et les pratiques européennes sont complètement désalignées. Sur le papier, nous avons toujours le système hérité des années 1990, axé sur la primauté des ajustements du marché : un Pacte de stabilité et de croissance qui limite les politiques budgétaires ; un mandat restrictif pour la Banque centrale qui vise en priorité la stabilité des prix ; enfin, l'absence de politique industrielle, remplacée par une politique de concurrence selon la conviction de l'époque qu'il suffisait d'uniformiser les règles du jeu pour que les marchés puissent engendrer de l'innovation, de la croissance et du bien-être. Dans la pratique, ces dernières années, les pays européens ont eu recours massivement à la politique budgétaire, la BCE a utilisé des politiques conventionnelles et non conventionnelles pour soutenir l'économie et le système financier, et la nécessité d'une politique industrielle est devenue évidente. Il s'agit donc de réaligner ce que l'Europe est sur le papier avec ce qu'elle est devenue à la suite des multiples crises qu'elle a subies.

La seconde leçon de la crise est que les économies européennes sont aujourd'hui si étroitement liées et, en même temps, si hétérogènes (entre autres choses à cause des politiques malheureuses mises en œuvre pendant les années de crise de la dette souveraine) que les catégories de chocs symétriques ou asymétriques chères aux économistes n'ont plus de sens. Aucun choc n'affecte qu'une seule économie, mais aucun n'affecte tout le monde de la même manière. Ainsi, la Covid-19 a montré qu'une certaine forme de partage des risques, de réponse commune aux chocs et de solidarité, bien que limitée, est non seulement nécessaire pour éviter des divergences excessives, mais aussi bénéfique pour tous, les plus faibles comme les plus forts.

Différentes voies peuvent être empruntées pour doter les pays européens d'une capacité budgétaire leur permettant de réagir aux chocs et de coordonner leurs politiques économiques. D'une part, il peut être décidé de créer cette capacité au niveau européen, en dotant les instances communautaires d'une capacité de dépense (et de fiscalité) à mettre au service de l'investissement public, de la politique industrielle et de dépenses contracycliques. Dans ce cas, les règles pour les États individuels pourraient demeurer aussi restrictives qu'elles le sont aujourd'hui, ou n'être modifiées qu'à la marge. C'est le modèle des États-Unis, où les États ont la contrainte d'un budget à l'équilibre (sauf le Vermont), mais où le gouvernement fédéral utilise les politiques macroéconomiques de manière active et sans contrainte pour la stabilisation macroéconomique et les politiques industrielles. D'autre part, si les Européens décidaient de ne pas développer la capacité budgétaire et fiscale au niveau central, et afin d'assurer le financement des transitions écologique et numérique, il faudrait accorder des marges de manœuvre aux politiques budgétaires nationales, avec des règles beaucoup plus permissives que celles héritées des années 1990 et avec une meilleure coordination entre les États membres, ainsi qu'entre eux et la Commission. Il serait souhaitable de réfléchir à la réorganisation globale de la gouvernance macroéconomique.

Quelle règle budgétaire ?

Malheureusement, les élites européennes ne semblent pas être en mesure de mener une discussion globale sur la gouvernance économique, mais procèdent par compartiments étanches. Sur la capacité budgétaire centrale, l'opposition des pays centraux, dits « frugaux », à un éventuel *NextGenerationEU* « permanent » reste très forte et, pour le moment, le débat n'a même pas été formellement lancé [Buti et Messori, 2022 ; Allemand *et al.*, 2023]. En revanche, le débat sur la réforme des règles budgétaires avance rapidement. Rappelons que le Pacte de stabilité et de croissance de 1997, ainsi que le Pacte budgétaire adopté à la hâte en 2012 en croyant à tort qu'il fallait forcer l'austérité pour sortir de la crise de la dette souveraine, imposent des objectifs en termes de déficit structurel (c'est-à-dire corrigé des variations conjoncturelles) pour faire en sorte que la dette publique diminue annuellement. L'accent mis sur les objectifs annuels pousse donc les pays à adopter des politiques procycliques : en cas de crise et de chute du PIB, rester sur la voie de la réduction de la dette nécessite une modération budgétaire qui a un impact négatif sur la croissance, déclenchant un cercle vicieux de croissance molle et de revenus fiscaux en baisse, qui ont tendance à amplifier les problèmes de finances publiques et à pousser à une nouvelle période d'austérité, d'effets négatifs sur le PIB, etc. De plus, le Pacte ne reconnaît pas les différences entre les pays, imposant les mêmes objectifs à tous. Enfin, la règle actuelle ne fait pas de distinction entre les dépenses courantes et les dépenses d'investissement, finissant par pénaliser ces dernières qui, politiquement, pour un gouvernement en quête de ressources, coûtent moins cher à couper.

La preuve ultime que le Pacte de stabilité et de croissance est inutilement restrictif et contre-productif vient indirectement du fait qu'en mars 2020, pour éviter les erreurs des années précédentes, la Commission européenne s'est empressée d'activer la clause dérogatoire relative à la suspension du volet préventif du Pacte pour permettre aux pays européens de faire face à la pandémie. Le Pacte est suspendu jusqu'en décembre 2023 et l'objectif est que la nouvelle règle soit approuvée avant son retour en vigueur.

Les propositions sur la table

En avril 2023, la Commission européenne [COM, 2023a ; 2003b ; 2003c] a proposé des modifications assez substantielles aux réglementations du Pacte de stabilité et de croissance. Dans sa communication du 9 novembre 2022, la Commission européenne avait déjà esquissé les contours du nouveau cadre budgétaire européen, qui devrait, selon ses termes, être simplifié, mieux appliqué et adapté aux besoins spécifiques des États en vue d'assurer leur solvabilité et permettre des réformes et les investissements nécessaires. Il devrait également mieux prendre en compte les déséquilibres économiques dont ceux relatifs aux balances commerciales.

L'objectif de solvabilité des États membres réitéré par la Commission tient aux niveaux excessifs, dans le cadre budgétaire actuel, des ratios de dette publique sur PIB dans un grand nombre de pays : douze États membres parmi les vingt-sept avaient un ratio de dette sur PIB supérieur au seuil de 60 % à la fin de l'année 2022 (graphique 1).

Ces niveaux élevés de dette publique sont le résultat de la succession de crises évoquées plus haut. Entre fin 2007 et fin 2021, la dette publique a augmenté de près de 30 points de PIB en moyenne, avec une dispersion de 23 points. Comme le montre le graphique 2, certains États membres de l'UE — rappelons que le Pacte de stabilité et de croissance s'impose à tous ces États, et pas seulement à ceux de la zone euro — ont subi des hausses d'endettement de près de 50 points (France, Italie, Chypre, Portugal), voire bien au-delà (Grèce, Espagne). D'autres, comme l'Allemagne, ont vu leurs dettes légèrement augmenter, sinon diminuer (Malte, Suède). Dans ce contexte, l'application homogène ou indifférenciée des règles budgétaires semble difficile, sinon impossible à réaliser car elle nécessiterait des efforts de consolidation substantiels dans une phase de ralentissement de l'activité économique (voir chapitre I).

Le Pacte de stabilité et de croissance vise à assurer la discipline budgétaire en prévenant les dettes et les déficits publics excessifs ou en les corrigeant par des politiques budgétaires limitant les dépenses et augmentant les recettes fiscales. Il dispose donc d'un volet préventif et d'un volet correctif, l'un et l'autre faisant l'objet de propositions de modification.

L'application du Pacte va cependant continuer de dépendre des critères numériques servant de référence aux déficits et dettes excessifs — les fameux critères de 3 % du PIB pour le déficit

Graphique 1. **Ratio dette publique/PIB prévu fin 2022**

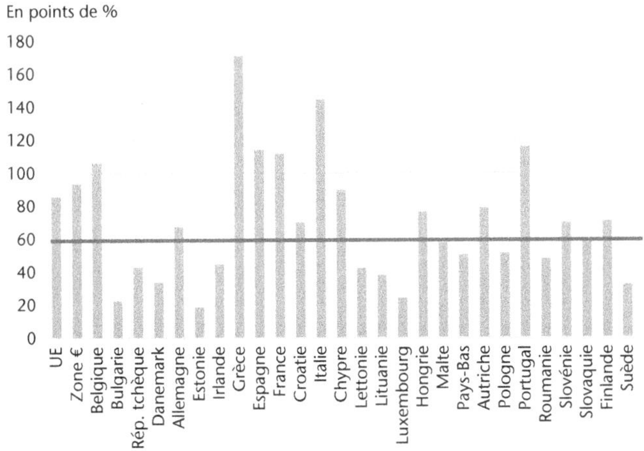

Source : AMECO.

et de 60 % du PIB pour la dette (des niveaux arbitraires, soit dit en passant) annexés dans un protocole au traité sur le fonctionnement de l'Union européenne (TFUE).

Ces deux critères numériques seraient conservés, mais l'outil principal pour les respecter, et donc pour prévenir les déficits et les dettes excessifs, serait modifié. La soutenabilité budgétaire, c'est-à-dire la baisse de la dette publique, serait désormais évaluée sur la base d'un seul indicateur : les dépenses nettes, c'est-à-dire les dépenses publiques nettes des revenus discrétionnaires, hors charges d'intérêt sur la dette et hors dépenses d'indemnisation du chômage. La référence du cadre budgétaire actuel à la baisse annuelle de la dette (un vingtième de l'écart entre la dette constatée et la cible de 60 % du PIB) serait abandonnée. Le nouvel indicateur en remplacerait deux, d'où la simplification selon la Commission.

La cible de dépenses nettes devrait assurer un sentier plausible de baisse de la dette publique vers le niveau de 60 % du PIB. À cet effet, les États membres devront présenter à la Commission un « plan national budgétaire et structurel de moyen terme » conforme à leurs engagements de discipline budgétaire. La cible de dépenses nettes établie en coordination étroite entre

Graphique 2. **Variation du ratio dette publique/PIB entre fin 2007 et fin 2021**

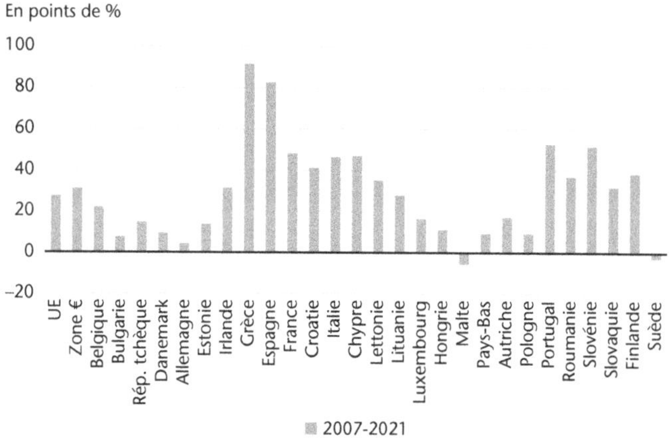

Sources : AMECO ; calculs de l'auteur.

l'État membre et la Commission pendant le Semestre européen devrait donc être cohérente avec les dépenses jugées nécessaires par les deux parties pour assurer des réformes structurelles et des investissements en lien avec le vieillissement de la population, le fonctionnement du marché du travail, le renforcement des compétences, l'innovation et tout ce qui favorisera le bon fonctionnement du marché unique. La cible de dépenses nettes pourrait donc être différente d'un pays à un autre car leurs besoins de réforme et d'investissement sont sans doute différents.

Les dépenses nettes conformes à la discipline budgétaire seraient prévues sur une période minimale de quatre ans, engageant la responsabilité de l'État au cours de cette période. Si des circonstances économiques imprévues empêchaient la dette publique de baisser au rythme souhaité (l'engagement des États est assorti d'un scénario de croissance sur le même horizon) ou si les réformes et les investissements ne produisaient pas les effets escomptés, principalement sur la croissance économique, l'ajustement des dépenses primaires pourrait être rallongé jusqu'à trois ans supplémentaires : l'État aurait au plus sept ans pour réduire sa dette publique vers la cible de 60 %

du PIB à un rythme satisfaisant[2]. La notion de moyen terme qui figure dans la mouture actuelle du Pacte de stabilité et de croissance aurait tendance à devenir très extensible.

Depuis 2011, l'UE s'est dotée d'instruments de surveillance des déséquilibres macroéconomiques (surchauffe des salaires, déséquilibre commercial, endettement privé excessif, etc.) qui sont jusqu'à présent restés déconnectés du cadre budgétaire européen. La Commission propose de les y intégrer. Par une meilleure surveillance de ces déséquilibres, la Commission ajusterait ses recommandations de réformes et d'investissements pour que soient assurés dans les États membres une croissance soutenable et un désendettement progressif.

La Commission insiste également beaucoup sur la nécessité pour les États de respecter les engagements pris — l'application du Pacte de stabilité et de croissance n'a pas toujours été très scrupuleuse — et sur leur contrôle plus étroit par des organes nationaux (en France, le Haut Conseil aux finances publiques) chargés notamment d'évaluer la fiabilité des projections de finances publiques établies par les États membres.

La Commission propose enfin (à la suite des pressions de quelques États) des modifications au volet correctif du Pacte. Elle précise en effet que, en cas de déficit ou de dette excessif, les dépenses nettes devront baisser au minimum de 0,5 % du PIB chaque année. La règle budgétaire qui semblait gagner en hétérogénéité entre les pays, au gré de leurs difficultés budgétaires et de leurs besoins de réformes et d'investissements, retrouve donc ici une partie de son caractère uniforme.

Voilà donc pour le projet de réforme. Qu'en penser ?

Tout d'abord, le projet de réforme, s'il est adopté, élargira les marges de manœuvre des États par rapport aux règles actuelles : baisse plus lente de la dette, préservation des dépenses d'indemnisation du chômage et prise en considération des investissements. L'austérité budgétaire ne sera pas immédiate : le résultat des négociations budgétaires avec la Commission entamées dans le cadre du Semestre européen de janvier à juin sera ensuite évalué et le couperet des 0,5 % de baisse des dépenses nettes n'interviendra probablement pas avant le Semestre européen de 2025.

Pour autant, l'ajustement des dépenses nettes sur plusieurs années afin d'assurer la soutenabilité de la dette tout en tenant

---

2 Il faut bien comprendre qu'il n'est pas question que les États aient atteint le seuil de dette de 60 % du PIB après quatre à sept ans, mais bien que le ratio dette/PIB ait diminué vers ce seuil pendant quatre à sept ans.

compte des réformes et des investissements jugés nécessaires ne paraît pas bien différent de la situation qui prévaut aujourd'hui. L'assouplissement sera inscrit dans le nouveau projet là où il est plus improvisé dans la mouture actuelle. Mais, en pratique, qu'est-ce que cela change ? Les États avaient déjà coutume de modifier leurs politiques budgétaires pour financer des réformes et des investissements tout en veillant à leur solvabilité.

Par ailleurs, la cohérence *a priori* entre un objectif potentiellement assoupli de dépenses nettes et le respect toujours en vigueur du critère de déficit public ne va pas de soi. De quelles marges de manœuvre disposeront les États dont le déficit total est au-dessus des 3 % du PIB ? Ils devront certainement trouver de nouvelles ressources pour baisser ce déficit et préserver leur capacité de dépenses nettes afin de financer réformes et investissements. Le défi est de taille, surtout si la conditionnalité macroéconomique quant à la mise à disposition des fonds européens (politique de cohésion, fonds issus de la facilité de relance et de résilience du programme *NextGenerationEU*) s'applique lorsque le déficit public est jugé excessif : l'octroi des fonds européens pourrait être suspendu en rendant encore plus contraignant l'environnement dans lequel les pays devraient mener leurs politiques économiques.

Autre élément important : la très grande place prise par la Commission dans le processus budgétaire proposé. La Commission impose le sentier d'ajustement des dépenses et, si les États ne parviennent pas à mettre en œuvre leurs plans budgétaires et leurs réformes en temps voulu, elle pourra leur octroyer quelques délais supplémentaires pour y parvenir. Ce délai supplémentaire aura son revers : il imposera l'orientation budgétaire d'un éventuel nouveau gouvernement, posant ainsi de nouveaux problèmes démocratiques dans le cadre budgétaire européen[3]. Les dérives budgétaires d'un gouvernement limiteront les capacités budgétaires de son successeur. Il n'y a rien de très nouveau par rapport à aujourd'hui, certes, mais rien de vraiment innovant non plus. La place accordée au Parlement européen est explicitement mentionnée à plusieurs reprises, en vue d'une meilleure coordination politique avec la Commission européenne, mais elle est principalement, sinon exclusivement, liée à la discussion des déficits et dettes excessifs, et non pas à une coordination

3 Un gouvernement nouvellement élu aura naturellement la possibilité de redéfinir ses politiques économiques, y compris les dépenses et les politiques fiscales. Pourtant, ces ajustements devront se faire en respectant l'évolution des agrégats négociée par le gouvernement précédent avec la Commission.

d'ensemble des politiques budgétaires et fiscales européennes qui aboutirait à des préconisations de politiques restrictives pour les uns, en situation de déficits et/ou dettes excessifs, et expansionnistes pour les autres. La coordination des politiques macroéconomiques se fait par le bas, *i.e.* par la limitation des marges de manœuvre. Dans ce processus budgétaire, doit-on vraiment limiter le rôle de la seule assemblée démocratique européenne à auditionner les États membres dont les finances publiques se sont écartées des critères numériques hérités du traité de Maastricht ? Certes, cette disposition existe déjà, mais elle n'est guère appliquée. Il y a sans doute d'autres moyens d'associer le Parlement européen au nouveau cadre budgétaire. Mais il est vrai que la Commission a une préférence marquée pour les organes technocratiques, comme les comités budgétaires ou les hauts conseils aux finances publiques. Il est vrai également que l'implication d'un nouvel organe dans la définition du processus d'ajustement budgétaire peut être source de paralysie.

Sur la meilleure intégration des outils de surveillance des déséquilibres macroéconomiques, l'intention d'assurer une cohérence d'ensemble des recommandations de la Commission est très louable. Reste à savoir si les pays qui dépassent le seuil jugé maximal d'excédent commercial — ce qui se reproduira sans doute lorsque les coûts de l'énergie auront baissé — mettront effectivement en œuvre lesdites recommandations. Les gouvernements allemands n'en ont jamais tenu compte jusque-là.

Autre élément : il y a quelque chose de très mécanique dans la vision de la politique budgétaire que ce projet de réforme véhicule. À un horizon de quatre ans, les fonctionnaires des ministères vont continuer de faire ce qu'ils font depuis que le Pacte de stabilité et de croissance a été mis en place, c'est-à-dire calculer des trajectoires de dépenses compatibles avec une baisse de la dette publique. Et, contrairement à ce que la proposition de novembre 2022 tentait de laisser croire, la notion controversée d'écart de production, c'est-à-dire d'écart entre un PIB potentiel non mesurable et le PIB réalisé, n'a pas totalement disparu du cadre budgétaire européen. Elle restera cruciale pour séparer le déficit corrigé du cycle du déficit conjoncturel, et le solde structurel primaire (le solde public hors charges d'intérêt et corrigé du cycle) reste la référence des analyses de soutenabilité de la dette. Vu la succession de crises économiques que nous traversons depuis quinze ans et les hausses de dette qu'elles ont engendrées, il n'est pas certain que ces exercices aient été bien utiles.

Enfin, si la proposition de la Commission en mai 2023 ne reprend pas tout à fait les termes du « non-papier » allemand[4] d'avril 2023, qui mentionne explicitement la croissance potentielle (voir *supra*), elle établit une sorte de compromis. Dans ce « non-papier », le ministère allemand indique que, au-delà d'une règle d'évolution des dépenses nettes sensiblement inférieure à celle de la croissance potentielle de l'État membre, ceux d'entre eux qui ont une dette publique élevée devraient réduire annuellement leur ratio de dette sur PIB d'au moins 1 point de pourcentage par an. En proposant un effort d'ajustement de « seulement » 0,5 point de pourcentage par an, la Commission tente de soulager les sacrifices de l'État en situation de dette et/ou déficit excessif, mais, ce faisant, elle réintroduit la numérologie que Buiter *et al.* [1993] ont moquée il y a bien longtemps. Or les faits leur ont depuis donné raison.

Repères bibliographiques

Aiginger K. et Rodrik D. (2020), « Rebirth of industrial policy and an agenda for the twenty-first century », *Journal of Industry, Competition and Trade*, vol. 20, n° 2, p. 189-207.

Allemand F. *et al.* (2023), « Making *NextGenerationEU* a permanent tool », *FEPS Policy Study*, Recovery Watch Series.

Bozou C., Creel J. et Saraceno F. (2022), « *NextGenerationEU* : le grand défi », *in* OFCE, *L'Économie européenne 2022*, La Découverte, « Repères », Paris, p. 23-35.

Buiter W., Corsetti G. et Roubini N. (1993), « Excessive deficits : sense and nonsense in the Treaty of Maastricht », *Economic Policy*, vol. 8, n° 16, p. 57-100.

Buti M. et Messori M. (2022), « A central fiscal capacity in the EU policy mix », *CEPR Discussion Paper*, n° 17577.

COM (2023a), « 240 Final (and Annex), Proposal for a regulation of the European Parliament and of the Council on the effective coordination of economic policies and multilateral budgetary surveillance and repealing Council Regulation (EC) No 1466/97 ».

— (2023b), « 241 Final, Proposal for a Council Regulation amending Regulation (EC) No 1467/97 on speeding up and clarifying the implementation of the excessive deficit procedure ».

— (2023c), « 242 Final, Proposal for a Council Directive amending Directive 2011/85/EU on requirements for budgetary frameworks of the Member States ».

Fukuyama F. (1989), « The end of history ? », *The National Interest*, n° 16, p. 3-18.

Lucas R. E. (2003), « Macroeconomic priorities », *American Economic Review*, vol. 93, n° 1, p. 1-14.

4 Ce « German technical non-paper following up on selected issues identified by the ECOFIN conclusions » est un document émanant explicitement du ministère allemand des Finances, reflétant donc sa position, mais pas de manière officielle. Ces « non-papiers » ont vocation à influer sur les débats et négociations.

Table des matières

Collection

R E P È R E S

Créée par Michel Freyssenet et Olivier Pastré (en 1983).

Dirigée par Jean-Paul Piriou (1987-2004), puis par Pascal Combemale,

avec Serge Audier, Stéphane Beaud, André Cartapanis, Jean-Paul Deléage, Françoise Dreyfus, Yannick L'Horty, Dominique Merllié, Philippe Riutort, Cédric Tellenne et Franck-Dominique Vivien.

Coordination et réalisation éditoriale : Marieke Joly.

Le catalogue complet de la collection *REPÈRES* est disponible sur notre site :

www.collectionreperes.com

#lisez engagé ! www.lisez.com

Cet ouvrage est imprimé sur du papier issu de forêts gérées durablement.

Composition Facompo, Lisieux (Calvados).
Achevé d'imprimer sur les presses de
La Nouvelle Imprimerie Laballery à Clamecy (Nièvre).
Dépôt légal : septembre 2023
N° de dossier : 308247

Imprimé en France